CHEMINS DE LUMIÈRE

SHEILA

Chemins de lumière

J.-C. LATTÈS

Introduction

Le moment est venu pour moi de faire le point, de considérer les étapes de ma vie et d'en tirer certaines conclusions. Il s'est passé tellement de choses enrichissantes, déroutantes, effrayantes et émouvantes ! Il faut savoir que rien n'est insignifiant, de la plus banale histoire à la plus grande aventure ; tout importe et vous laisse des traces, des petites marques ou des grandes cicatrices jusqu'au fond de l'âme. Par tempérament, je suis curieuse, j'aime obtenir des réponses aux questions que je pose, comprendre, apprendre, ressentir, avancer à la recherche du pourquoi. Les lectures, les pratiques, la discipline de chaque jour, m'ont transformée et fait progresser. Ma vie est devenue plus riche, j'ai appris à me connaître, mon regard sur les autres s'est modifié et l'horizon s'est ouvert, béant devant moi. Mes craintes, mes angoisses ont disparu à une vitesse folle. J'ai découvert une nouvelle façon de vivre, qui m'apporte un grand bonheur et la sérénité de chaque instant.

Le début de la transformation a commencé avec mon public. Je peux même parler de métamorphose intérieure, parce que mon destin a voulu que je connaisse la célébrité à seize ans, l'amour profond des gens qui m'appréciaient, la haine tenace de ceux qui me détestaient, le tout sous les lumières et au milieu des paillettes. Comment ne pas avoir une évolution différente lorsqu'on partage sa vie avec des milliers de personnes ? Nous avons eu en commun notre adolescence, notre inconscience, nos premières amours, une partie de vie réunie par des refrains qui nous unissent encore aujourd'hui. Année après année, vous m'avez enseigné sans même le savoir la tenacité, la passion, les réalités de la vie et surtout à partager avec les autres les joies et les peines rencontrées çà et là au détour du chemin. J'ai grandi, ri et pleuré devant vos yeux, notre vie, quoi que l'on fasse se conjugue au seul verbe « Aimer ». Et après presque trente ans de fidélité sans limites, j'ai réalisé que l'amour qui nous lie continue malgré les années à briller sous un soleil sans ombre. Voilà pourquoi j'aimerais partager avec vous un peu de mes expériences, et quelques-unes de mes conclusions.

Vous expliquer par exemple que l'on peut aider, guider, forger sa vie. Il suffit de le vouloir et de ne pas en douter. Vous aussi, vous avez ce que j'appellerai « une vie parallèle ». Ne vous laissez pas abuser : cette vie en réalité ne fait qu'une avec celle que nous reconnaissons. Seulement voilà, elle sommeille, enfouie au fond de nous-mêmes, tel un ver à soie dans son cocon. Et de même que cette vie est présente en chacun, le changement intérieur existe pour tous, car nous faisons tous partie d'un même élément. Il suffit simplement d'ouvrir les petites trappes de notre cœur et de notre âme pour voir enfin percer, puis jaillir, la lumière qui nous habite. Car elle est là, à l'intérieur, attendant que l'expérience, les rencontres, l'évolution personnelle nous amènent à la révéler.

Si j'en parle avec autant de dégagement, c'est parce que comme vous, pendant des années, je n'imaginais pas le bonheur et le bien-être si près de moi. Le ciel a voulu, qu'un jour, tandis que je faisais mon métier de chanteuse, j'ai eu la chance de rencontrer ceux qui m'ont fait découvrir un escalier rempli de surprises et qui, de marche en marche, m'a conduit, toujours plus haut, vers ce qui nous fait vivre : « la lumière ». Cependant avant que vous ne commenciez à lire ce livre, à vous y plonger (je l'espère), je tiens à faire une petite mise au point. Inutile de vous dire que toutes les questions d'usage se sont bousculées dans mon esprit :

« Est-ce une bonne idée ? »

« Où cela va-t-il te mener ? »

« Te sens-tu capable de rédiger dix pages ayant de l'intérêt pour qui que ce soit ? » Etc.

Mais, malgré toutes ces interrogations, une force incroyable me poussait toujours vers la même idée, le même chemin : faire découvrir aux autres ce que jc sais, même si ce que je sais peut paraître négligeable au regard de l'infini du savoir.

Les amener à prendre ce sentier sinueux mais si excitant pour la curiosité. Alors au-delà des bavardages et des rumeurs des sceptiques qui remettent tout en question (rarement chez eux mais surtout chez les autres), j'ai décidé d'enfourcher mon cheval de bataille, munie d'un drapeau blanc, pour affronter « les professionnels du soupçon ». Je sais que le temps viendra où, comme moi, et comme d'autres, ils chercheront des réponses aux questions qu'ils ne se posent pas encore.

Je ne suis certainement pas un écrivain. Je veux juste laisser parler mon cœur, dans un langage simple, de « petite fille de Français moyen », sans m'encombrer de grands mots ou de grandes phrases. C'est souvent dans les choses les plus simples que l'on trouve du bien-être.

Alors, ensemble, partons à la découverte de ce que vous appellerez peut-être un jour : « VOTRE CHEMIN DE LUMIERE ».

« Apprenons donc ici-bas ces choses dont la connaissance puisse continuer dans le ciel. »

Adam Smith.

Le soi

Nous vivons dans un monde d'apparences, entourés de négativité. Nous avons fini par oublier l'essentiel, ce que j'appelle la création de l'univers. Dans un monde où les ordinateurs sont rois, la technologie tellement avancée, nous avons perdu notre premier regard et l'émerveillement devant la nature et le corps. Pourtant, si nous cherchons à approfondir le sens des choses, la plus belle des créations n'est-elle pas l'être humain, que nous maltraitons à chaque instant de la journée, par inattention, manque de temps ou de courage ? C'est cela que traduit cette phrase que nous avons tous prononcée au moins une fois dans notre vie : « Je le ferai demain ». Toutes nos erreurs commencent par là. Pourquoi demain ? Pourquoi pas aujourd'hui ? Tout est possible, tout est réalisable. Il n'y a pas d'impossibilité ! Ne vous cherchez pas d'excuses, comme par exemple : « Pour moi, c'est trop tard ! Ce n'est pas à mon âge que je vais changer, je n'ai pas de temps pour moi », ou bien encore, « Le temps c'est de l'argent, je ne peux me permettre de perdre une heure ».

Toutes ces excuses, et Dieu sait s'il y en a d'autres, sont des faux-fuyants, naissent de la peur de se regarder et de s'affronter. Il est souvent plus facile d'être en face des autres qu'en face de soi-même. Tout simplement parce que l'on se trouve toujours quelque bonne raison. C'est incroyable comme on peut s'éviter, éluder l'évidence. Nous nous heurtons tous à la même chose : aux problèmes que nous nous posons, ou plus encore aux doutes que nous avons. N'est-il pas écrit : « Aide-toi, le ciel t'aidera », « Demande et tu recevras ». Dans toute aventure il faut une trame. Dans celle-ci, qui ne dépend que de vous, vous serez tout à la fois : l'origine, le courage (ce n'est pas facile tous les jours), l'ennemi (par les doutes qui vous assaillent), et le héros (parce que vous réussirez, vous irez au bout du chemin rejoindre la paix). Et si cela est possible, c'est que vous ne serez pas seul, mais de plus en plus accompagné par la force de changement qui petit à petit va prendre place en vous. Pour ce genre de démarche, il n'y a pas de technique magique.

Vous avez tous entendu parler de la fameuse machine qui vous muscle sans effort de votre part. Les plaques électriques qui, posées sur votre ventre, vous donnent les abdominaux de Rambo ou de Schwarzeneger. Et dire qu'il y en a qui y croient ! Malheureusement, ça ne marche pas comme ça, ce serait trop facile ! Il faut toujours un énorme investissement de soi-même pour obtenir un résultat, une volonté sans faille.

Le vingtième siècle est celui du matérialisme. Pourquoi n'essayerions-nous pas, dès aujourd'hui, de construire une nouvelle ère, pleine d'amour et de lumière ? Il suffit de commencer par nous-même, en sachant reconnaître et aimer la force divine. Nous en possédons tous une petite parcelle ; alors sachons la faire briller en harmonie avec celle du ciel. Reprenons notre exemple : aujourd'hui règne la mode du corps sculpté. Qui n'a pas essayé l'aérobic, le culturisme, le stretching, etc. ? Pour moi, c'est exactement comme si on avait une superbe voiture sans roues ou un violon sans archet. Pour changer physiquement, il faut d'abord changer moralement. Dès notre naissance nous subissons des traumatismes ; notre première grande douleur se produit avec notre arrivée dans le monde, notre première respiration. Puis, au fil des ans, quelquefois sans même nous en apercevoir, nous subissons des chocs émotionnels, plus ou moins grands, plus ou moins profonds, mais qui restent et qui, en s'accumulant, changent nos réactions. Notre comportement se modifie sans que nous en prenions conscience. Nos espoirs s'estompent, nos envies deviennent imprécises. Nous commençons à avoir des doutes sur nos possibilités, nos capacités et sur notre avenir. Arrive alors le début du stress, les crampes d'estomac, les nuits d'insomnie et enfin la dépression nerveuse. Je n'irai pas jusqu'à parler de suicide. L'équilibre de la vie, le sourire sur un visage, le soleil en plein hiver, ça existe, et ne nécessite au départ qu'un petit effort de votre part. La lumière qui est en vous s'allumera, la force divine vous aidera et la prière deviendra, sans même que vous vous en rendiez compte, le refuge indispensable. Mais il est d'autres techniques. Si on lit la méthode du Dr Joseph Murphy, qui nous parle de l'énergie cosmique, on découvre combien le subconscient est important. Lorsque l'on pratique le *Rebirth*, on vide, tout en respirant, son corps de ce qui l'encombre. Les traumatismes subis au cours de notre vie sont expulsés (le premier étant la naissance), rejetés, évacués afin de nous donner un corps et un subconscient sain. On pourrait appeler cela le nettoyage de printemps. Rien ne vaut de tout aérer, taper, épousseter pour retrouver une maison qui sente la vie et le soleil.

« Le corps est la maison de votre esprit, de votre âme, de vos souvenirs lointains. » Pourquoi les laisser enfouis sous une énorme couche de problèmes quand il y a moyen de faire autrement. Les hindoux, les bonzes qui méditent pendant des heures en récitant leurs mantras ne le font pas par hasard. Les sons répétés mentalement produisent des vibrations intenses, permettent au corps un repos, une régénérescence totale, mais surtout ils mettent les êtres en relation avec leur lumière intérieure, donnant la possibilité à leur âme d'être libre pour vagabonder.

Monsieur Guinebert

Avant de commencer le récit de mes expériences, je me dois de vous fournir quelques explications. Si je suis aujourd'hui devant ma machine, à revivre certaines étapes de ma vie, c'est grâce à un grand homme : « Monsieur Guinebert ». A mon humble avis, il mériterait beaucoup plus que des médailles ou une statue de marbre pour tout l'amour qu'il a semé autour de lui. Durant des jours j'ai cherché le qualificatif qui serait digne de lui. Rien n'allait, tout me paraissait léger et sans intérêt pour cet homme, qui n'était rattaché à notre terre que pour aider ses congénères. Puis un jour, j'ai trouvé. Le seul terme qui pouvait être à la hauteur de son âme ! Et à dater de ce jour il existe une étoile dans ce firmament qui porte son nom. Cette petite lumière, à des milliards de kilomètres, brille et scintille à l'image de celui pour qui j'écris ce livre : mon MAÎTRE.

Chacun dans la vie a un Maître, un professeur, quelqu'un qui sera peut-être un deuxième père, qui lui fera découvrir, lui enseignera la vérité ou le guidera vers une vie nouvelle. Qui lui apprendra à porter un regard différent sur lui-même, sur ce qu'il pourrait devenir.

Voici ce que cet homme a été pour moi : mon instituteur, mon Maître spirituel, celui qui a vu et qui a su sortir tout ce qui était enfoui, caché au fond de moi.

Je l'ai connu quand j'avais seize ans. Comme toutes les danseuses, j'avais régulièrement des problèmes de dos. Il était kinésithérapeute. J'ai dû le consulter une ou deux fois à Paris, puis, la vie est ainsi faite, je l'ai perdu de vue. A partir de 1976, j'ai vécu une période très éprouvante moralement. Un mari (un mot qui ne représente pas grand-chose lorsque je repense à l'intéressé), père par erreur, une séparation, qui annonçait un divorce, un travail exténuant. Il y avait bien les voyages (que j'adorais) qui me faisaient un peu oublier ma déception sentimentale. Mais ils me donnaient aussi la sensation de vivre au milieu d'un tourbillon de valises. Pour être franche, j'étais très dépressive. Pourtant, la vie est tellement bien faite qu'elle vous réserve toujours une surprise, judicieusement cachée dans un lieu-dit, une personne, ou une chose, et qui va devenir la clé de voûte de votre avenir. Les flatteries de mon entourage, intimement persuadé que mes problèmes m'avaient rendue sourde et aveugle, allaient bon train. Mon instinct de conservation me poussa à réagir en me plongeant dans un vieux carnet d'adresses, afin de trouver la personne susceptible de m'aider à remonter la pente de ce gouffre, dont je ne voulais pas connaître le fond. Un nom me sauta immédiatement aux yeux : « Mr Guinebert » Tiens ! pensais-je, cela fait tellement longtemps que je ne l'ai pas vu ! Empoignant le combiné, je tombai sur une voix monocorde, qui répondait inlassablement. « Il n'y a plus d'abonné au numéro que vous avez demandé ! » Evidemment, depuis le temps, son numéro avait changé. Le plus simple était de me rendre chez lui. Mais arrivée sur place je m'aperçus que son nom ne figurait plus sur la porte. Avec un peu de chance, la gardienne pourrait, peut-être, m'aider dans ma recherche. Effectivement, cette femme charmante, tenant absolument à me faire plaisir, chercha sans relâche au milieu de ses vieux cahiers. Trois ans déjà ! Elle regrettait beaucoup la présence de cet homme hors du commun. Un quart d'heure plus tard, je repartais le cœur en joie, munie de sa nouvelle adresse. N'y tenant plus, je prenais le lendemain matin le périphérique, direction Saint-Mandé, pour me retrouver devant la porte de Mr Guinebert. Le jardinet qui entourait la maison était rempli de pots de fleurs. Quelques arbres fruitiers semblaient attendre l'arrivée du printemps avec beaucoup d'impatience. Après avoir grimpé les marches du perron, je sonnai. Sa femme ouvrit la porte, souriante, et me demanda de bien vouloir patienter quelques instants. Assise sur une chaise, dans l'entrée, je regardais la grande armoire ancienne qui trônait devant moi. Un grand escalier de bois foncé menait au premier étage. Cette inspection inopinée était le signe évident de ma nervosité, de ma curiosité à l'idée de revoir cet homme. Le bruit d'une porte qui s'ouvre me sortit de mes pensées. Monsieur Guinebert était là. En haut de l'escalier, dans une grande blouse blanche. Les années avaient passé, bien sûr, sur lui comme sur moi. Mais j'ai été immédiatement surprise par la douceur et le calme de son visage. Cette qualité de physionomie que l'on ne voit que sur certaines gravures, ou dans les grands musées. Un visage où dominent la sagesse et la bonté.

Ses cheveux blancs et son teint pâle lui donnaient une sérénité déconcertante. J'ai découvert beaucoup plus tard que le teint et la couleur des cheveux n'avaient rien à voir dans cette sensation. Il m'embrassa gentiment, et me fit un signe qui signifiait « entre donc » !

J'étais très heureuse de le revoir. A peine étais-je dans son bureau, ses premiers mots furent :

« Quelqu'un est accroché dans ton dos. Il faut l'enlever tout de suite sinon tu risques d'avoir de gros problèmes. Ne t'inquiète pas. Maintenant tu n'es plus seule. Il me faudra probablement plusieurs séances pour parvenir à t'en débarrasser. Mais nous nous sommes retrouvés et je vais m'occuper de toi... mon petit chat. » Dès notre première rencontre, il avait choisi ce petit surnom qui ne m'a plus quittée.

« Laisse-moi voir où en sont tes énergies. » Debout, face à moi, les deux mains sur mes épaules, il inspirait très lentement et très longuement. La chaleur qui émanait de ses mains envahissait mon corps, me traversant de part en part. Apparemment tout était clair pour lui. Je ne sais par quelle technique il lisait à l'intérieur de mon être comme dans un livre ouvert.

« Quelqu'un essaie de te faire du mal. Il te pousse vers l'abîme. C'est une chance que tu sois là aujourd'hui. » A ces mots je m'écroulai en larmes, à la fois rassurée par ses paroles, et déchirée par ce qu'il venait de m'apprendre. Dans ces moments-là tout défile devant vos yeux, les questions, les visages, les situations ; en un instant votre vie s'étale comme dans un mauvais roman, et, bien entendu, l'on ne voit plus que les catastrophes. Après une demi-heure de séance, il me demanda de revenir trois jours plus tard. Cet homme, kinésithérapeute, était surtout un magnétiseur extraordinaire. L'énergie accumulée dans ses mains me donnait l'impression d'être au contact d'une bouillotte, une vraie petite chaufferette. Les mains doucement posées sur la tête, sur les épaules ou sur le plexus, il rechargeait les batteries de son patient. Il était le catalyseur de l'universel, uniquement là pour distribuer les ondes, les vibrations, comme le jardinier arrose ses fleurs, comme le soleil dispense ses rayons.

Avant de partir, une question me tenaillait, et, n'y tenant plus, j'osai lui demander :

— C'est étonnant, nous sommes restés si longtemps sans nous voir, comment se fait-il que je sois revenue maintenant, et dans ces circonstances ?

Souriant, avec beaucoup de gentillesse, il me répondit :

— Tu avais besoin de moi. Je suis là pour t'aider. Tout ceci est normal. Tu es prête aujourd'hui à recevoir l'enseignement que je dois te donner. Ce n'est pas un hasard si tu es ici.

A dater de ce jour, je suis retournée le voir régulièrement. La force et la puissance de son magnétisme étaient invraisemblables. Une immense confiance s'était installée entre nous deux. Tant de bonté et d'amour émanait de lui qu'il était apaisant de l'écouter et de le regarder, mais le plus fascinant était l'énergie qu'il dégageait.

— Je te connais bien. Crois-moi ! Tu es à l'aube d'une vie nouvelle. Tu renais et c'est cela qui m'intéresse : ce qui est à l'intérieur et qui va sortir… ta plus grande difficulté c'est le manque d'amour. Tu as besoin que l'on t'aime et ce n'est pas le cas.

C'est vrai, j'étais seule, renfermée sur moi-même afin d'éviter les coups. Souvent, tout en parlant avec lui, j'avais beaucoup de mal à retenir mes larmes.

— Viens dans mes bras, me disait-il, que te je fasse un gros câlin.

Alors il m'enserrait dans ses bras sereins pour quelques minutes, et j'avais, à chaque fois, la sensation que la force qui était en moi dépassait les limites de mon corps. Je prenais de l'ampleur, je marchais sur un coussin d'air et une intense lumière pénétrait mon plexus.

Séance après séance, j'apprenais. Je l'écoutais me parler de ses voyages dans l'au-delà. Il avait l'habitude, avec plusieurs amis docteurs, de partir pour monter « là-haut ». « Laisse faire les choses », disait-il toujours.

J'avais néanmoins remarqué une certaine fatigue

De temps à autre, il s'excusait d'avoir besoin de récupérer. Quelques minutes assis sur une chaise lui suffisaient. Mais je m'inquiétais de le voir se fatiguer de la sorte en aidant tant de gens. Lors d'un rendez-vous, il me parla d'un voyage qui l'avait apparemment beaucoup marqué. Il avait rencontré sa moitié astrale. Une passion débordante jaillissait de lui. Il ne voulait plus revenir mais juste rester là, dans le bonheur le plus total. C'est comme cela qu'il définissait l'amour universel. « Rien n'est plus beau que l'amour universel au-delà de la sexualité, de la bestialité humaine. Aime les gens, ne répond jamais par une vengeance, mais par un peu d'amour. Ne t'inquiète pas, mon petit chat, je t'apprendrai. » Pendant des années, semaine après semaine, j'ai écouté, j'ai appris et, mon Dieu, comme je l'ai aimé et comme je l'aime encore.

Un jour du mois d'avril 1984, un mercredi à jamais gravé dans ma mémoire, j'étais en vacances avec mon fils Ludovic, sur une île, au bout du monde. Un énorme malaise, une angoisse, comme une déchirure me tenailla toute la journée. Je ne comprenais pas ce qui pouvait me mettre dans un tel état, il n'y avait aucune raison apparente. Le lendemain, en arrivant à Paris, ma mère m'informa avec délicatesse de la triste nouvelle : Mr Guinebert nous avait quittés la veille. Je ne pouvais y croire. A peine arrivée, je me précipitai chez lui, je voulais le voir, l'embrasser encore une fois. Mais pourquoi était-il parti sans me laisser un message ? Pendant des mois, lorsque je vivais à New York, nous avions fait, en quelque sorte, de la télépathie. Pas besoin de téléphone, un fil invisible nous reliait, la communication était immédiate. Dès qu'une question perturbait mon esprit, deux jours après un courrier arrivait.

En 1982, il m'écrivait déjà :

« Tu es une fille épatante, qui cache dans le fond de son cœur des tas de possibilités. Il faut que tout cela puisse sortir, que toutes ces richesses bien cachées se manifestent au grand jour. Toutes les ombres qui affligeaient ta vie doivent céder la place à la lumière qui est en toi. Crois en tes possibilités. Tu sais que je t'aide et je pense très très souvent à toi. J'entretiens en toi une sorte de feu sacré qui ne peut plus s'éteindre. Crois en toi, cela est nécessaire, sans orgueil bien sûr, uniquement par la sensation des forces, des puissances que tu reçois en toi. Accepte cette brillance. Notre route, la tienne et la mienne, n'est pas désagréable, au contraire. Elle apporte des tas de choses et peut en apporter à tous ceux qui en ont besoin. C'est une sorte de rôle que nous devons remplir, ton rôle est celui de faire jaillir la lumière là où se trouve l'obscurité. » Je dois avouer que plus je lis cette dernière phrase, plus je la trouve exagérée. Peut-être est-ce la peur de l'enjeu et l'humilité naturelle qui m'habite qui me poussent à cette analyse ? Quoi qu'il en soit, lorsqu'un courrier arrivait, je remontais précipitamment au trente-deuxième étage du building où j'habitais afin de trouver la tranquillité qui me permettrait de réfléchir à ses conseils et de voir clair en moi. Ces quelques minutes de lecture représentaient des heures de bonheur. Ne vous êtes-vous jamais trouvé au beau milieu d'une forêt, assis dans une clairière, sous un rayon de soleil qui vous réchauffe tout en vous faisant de l'œil ? Voilà exactement ce que je ressentais. Il m'avait bien fait part, de temps à autre, de la fatigue qui l'atteignait et, malgré sa discrétion, m'avait parlé de sa déception, de la souffrance qu'il éprouvait devant l'agression des autres. Il est certain que cet homme dérangeait, gênait, et que les attaques, venant de toutes parts, finissaient par épuiser son énergie. A cette époque, je ne voulais pas admettre la vérité qui était pourtant limpide.

Sa route s'achevait, non pas d'avoir trop donné mais d'avoir trop reçu de coups !

Je ne comprenais pas. Lui qui avait encore tant de choses à me dire et à m'apprendre, il était parti. Il était monté là-haut, c'était son choix. Il avait tellement donné aux autres qu'il était temps pour lui de se reposer un peu. J'avoue m'être sentie très seule, tel un chien perdu qui errerait à la recherche de celui qu'il aimait tant. Puis un jour, au mois de novembre 1984, donc six ou sept mois après sa disparition, sa femme, avec qui j'étais restée en relation me téléphona :

— Monsieur Guinebert a contacté un de ses amis, et t'a envoyé un message. Cet ami va te le décrypter et je te le ferai parvenir.

Comment était-ce possible ? Il me parlait, il m'écrivait d'où il était !

Deux jours plus tard, je reçus une lettre de deux pages avec son vocabulaire, sa façon de parler et surtout tous les petits surnoms qu'il me donnait à chaque visite ; c'était bien lui, personne d'autre que lui et moi ne connaissait nos conversations. Bien sûr, vous direz-vous, peut-être prend-elle ses rêves pour des réalités ? Hé bien non ! La vérité est simple à admettre ; à travers mes pensées et mes prières, il a senti combien j'avais besoin de l'entendre, combien j'avais besoin de lui. Ce message de l'au-delà, que je porte sur mon cœur, était d'une douceur et d'un amour incomparables. Plein de conseils et d'indications sur l'avenir. C'était la suite d'une collaboration de plusieurs années, le résultat extraordinaire de la rencontre de deux personnes : « le Maître et l'élève », et malgré la disparition de l'un d'entre eux, rien ne pouvait les séparer. Il est vrai aussi que, depuis le jour où j'ai reçu ce message, ma vie a changé. J'ai pris conscience d'une multitude de choses. Monsieur Guinebert a été l'initiateur d'un esprit qui auparavant vivait au ralenti dans un corps avançant, lui, à cent à l'heure.

Les rencontres et les expériences ne sont pas toujours le fruit du hasard, mais plutôt et bien souvent un petit signe imperceptible de l'âme qui, avec beaucoup de difficultés, essaie de rentrer en relation avec ce qui peut aider à la faire progresser. Il est extraordinaire de se dire que rien n'est jamais fini, que bien au contraire tout avance et progresse.

Il me paraissait important, à ce moment de ma vie, de me mettre un peu plus à l'écoute de mes sentiments, de mes idées. Les années s'étaient écoulées si vite que j'avais fini par me perdre dans cette course infernale pour me cacher, me réfugier, derrière un prénom qui défrayait régulièrement la chronique :

SHEILA. Ne vous méprenez pas, il est indubitable que Sheila et moi ne sommes qu'une seule et même personne, mais bêtement, sans même m'en être rendu compte, j'avais occulté Anny Chancel. Cachée, enfouie derrière un nom qui n'existait que dans la lumière, emportée tel un fétu de paille par la folie de ce métier, la gamine un peu nunuche que j'étais avait grandi à l'ombre d'une image, qui, au fil des jours et des ans, avait fini par devenir un immense paravent. Le mal être n'était pas uniquement dû à des soucis d'ordre affectif, mais aussi à l'étouffement provoqué par l'envie de bien faire, l'envie de suivre vaille que vaille la ligne de conduite, savamment tracée par un *businessman* de talent, retors et chafouin. Les voyages à travers le monde ont suscité en moi quantité de doutes et d'angoisses. Le premier qui m'a éclairée, qui a pris le temps de me sortir du carcan de protection que j'avais minutieusement bâti sans même m'en apercevoir n'a pas été celui que l'on attendait. Ma chance a été d'avoir croisé un homme exceptionnel. Mais peut-être qu'au fond la démarche venait de moi. J'ai appris à me regarder, à m'accepter avec mes qualités et mes défauts, ce qui, à mon idée, est le vrai début. Avec le temps, je me suis assumée et aimée telle que j'étais. (D'ailleurs, je crois être d'un naturel plutôt « rigolo » et je prends des fous rires à m'entendre philosopher de temps à autre). Je m'étais mise en chemin. Alors, me sentant en accord avec moi-même, j'ai commencé à m'ouvrir sur les autres. Le premier pas consiste à se connaître, s'apprécier, être en accord avec soi-même. Mon corps avait oublié qu'il n'était que l'enveloppe d'une âme. Ce corps n'écoutait jamais ce que cette âme avait à lui dire, et il ne tenait pas compte des expériences qu'elle avait acquise dans ses vies antérieures. Je crois qu'il est essentiel de savoir s'accepter. Comment est-il possible de s'ouvrir sur les autres et de les aimer, lorsque l'on est incapable de s'aimer tel que l'on est ? La première étape est primordiale, rien ne bougera tant que l'accord parfait ne sera pas établi entre vous et vous. Se connaître, s'estimer, respecter, accepter l'enveloppe qu'une force supérieure a choisie pour nous. Ce corps musclé ou maigrelet, rondouillard ou filiforme, est une dimension volontaire de notre âme qui décide de notre aspect, comme de la famille au sein de laquelle nous allons évoluer.

La sécurité et le bien être qui en découle vous orienteront vers l'amour et la connaissance des autres. Les barrières invisibles du doute, du complexe, tombées, la sérénité vous apportera le bonheur. Le reste suivra. Vos rapports avec les autres seront désormais ouverts, libres et clairs. A travers mon expérience, et en toute connaissance de cause, je ne peux que reconnaître la réalité, la véracité de cette pensée, qui m'a fait évoluer, pour définitivement ouvrir mes bras et mon corps à l'univers astral.

La vieille dame

Depuis ma plus tendre enfance, j'ai toujours été attirée par le rêve, l'irréel, l'irrationnel, les phénomènes étranges, tout ce qui gêne les cartésiens.

Ma première rencontre avec une personne un peu bizarre (selon les normes de la société contemporaine) s'est produite à l'âge de trois ans.

C'était à Châtelguyon. Ce fut la première prédiction dont je fus l'objet.

J'étais, d'après ma grand-mère qui me raconta l'histoire, à un bal costumé, habillée en tutu, fascinée par la danse qui a toujours été ma grande folie. Une dame s'approcha de ma grand-mère, étonnée par ce petit bouchon qui dansait avec une assurance stupéfiante, sans gêne aucune, devant toute cette assemblée. Ma grand-mère très heureuse lui annonça d'un ton fier et définitif :

— C'est ma petite fille, elle est mignonne n'est-ce pas ?

— Madame, je tiens à vous dire que cet enfant sera une personne très connue, je vois son nom briller, elle deviendra plus tard quelqu'un de très célèbre, rappelez-vous ce que je vous dis aujourd'hui !

Mon aïeule, complètement éberluée sur le moment, relégua cette prédiction dans un coin de sa mémoire. Pour elle, mon avenir était tout tracé, elle rêvait de me voir devenir mannequin.

Les années avançaient et je me revois, jouant dans le pavillon de ma grand-mère à Créteil, déambulant dans le couloir avec des bottins sur la tête. « C'est indispensable pour le port de tête », disait-elle, bien qu'à mon avis j'avais plutôt l'air d'une dinde sur laquelle on aurait posé un panier d'œufs. Et j'allais ainsi, vacillant de gauche à droite pour essayer d'empêcher la chute inévitable de l'échafaudage qui me servait de coiffe.

J'étais alors très coquette. La plus belle récompense pour moi était de monter au grenier. Si vous saviez ce qu'il m'a fait rêver, ce petit coin mansardé, ce nid à poussière, aux malles remplies de merveilles : robes, chaussures, chapeaux, tout un programme pour une petite fille pleine d'imagination et qui, dans ses pensées, ne rêvait qu'à une chose : « le cirque ». Ma grande ambition était de devenir écuyère ! Seulement voilà, mon père était boucher et ma mère travaillait sur les marchés avec mes grands-parents. Que venait faire le cirque là-dedans ? Mon enfance a été bercée par quelque chose de bien différent. Beaucoup d'enfants s'endorment sur des berceuses de tout ordre, pour moi il en alla autrement. A cette époque, j'habitais dans le treizième. Le quatrième étage était un palier bien sympathique. La salle à manger était très grande à mes yeux de petite fille. Un petit coin y avait été installé pour moi. Mon fief, quoi, mon refuge, mais surtout mon lit, ou pour être plus précis, mon cosi, coincé dans l'angle du mur.

Allongée sur le lit, mon regard ne pouvait éviter la longue table du salon au bout de laquelle mes parents cochaient les comptes ou mieux les commandes. C'est là que le refrain commençait, toujours le même, toujours aussi lancinant, à tel point que ces noms sont restés gravés dans mon esprit à jamais.

« Pradeau, Picolet ! Pradeau, Picolet ! Pradeau, Picolet ! Pradeau, Picolet ! » Sans le savoir ces fournisseurs de viande ont bercé, ou peut être traumatisé, mon enfance. Je peux, malgré tout, vous dire que cela marche aussi bien que les moutons qui sautent la barrière, c'est certainement moins mélodique, mais tout aussi efficace. Au milieu des bonbons et chocolats le jour et de Pradeau et Picolet la nuit, j'ai appris le piano et la danse classique. Pourquoi pas alors « petit rat de l'opéra » ?

Oui, mais j'avais grandi trop vite et mon corps trop élastique m'aurait plutôt permis de devenir femme serpent que première danseuse du Bolchoï. J'avais aussi, à travers mon école, et surtout poussée par mon professeur de chant, Madame Kaen, passé le concours de la maîtrise pour entrer dans les chœurs de l'ORTF. Lors du concours j'interprétai (une œuvre mémorable), « Margotton va à l'eau, munie de son flutieau... » Comme une folle j'attendais la réponse. Tous les matins, je descendais chez ma concierge pour la lettre. Enfin, après trois semaines d'attente, elle était là. J'allais peut-être devenir choriste. Quelle merveille ! Faire des hou ! hou ! et des haaaa ! pendant des heures, le rêve, quoi ! J'ouvris mon enveloppe, dans l'angle de la porte d'entrée, voulant être la seule à savoir. Mon cœur battait la chamade et mon sang avait quitté mon corps pour quelques instants. Un papier photocopié, tapé à la machine disait : « Votre candidature n'ayant pas été retenue, recevez... » A la fois la déception, la rage de l'échec, l'obligation de l'annoncer à mes parents. L'horreur ! J'avais échoué ; certains diront c'est la vie. Moi je dirais plutôt c'est le destin. Il est certain que je voulais abattre des montagnes, et peut-être étais-je trop jeune. J'avais alors douze ou treize ans. L'année de mes quinze ans, je cherchais désespérément comment arrêter l'école pour disposer d'un peu plus de temps afin de pouvoir devenir artiste. La seule solution était de travailler avec mes parents sur les marchés, mon père ayant repris le commerce de mes grands-parents. Je leur annonçai, à leur grande surprise, ma décision. Je dois dire qu'au départ, il me fut difficile de les convaincre ; je suis certaine maintenant qu'ils savaient, depuis longtemps, que je ne finirais pas à l'ENA, mais que la seule vie qui me plaisait vraiment était celle des saltimbanques. Je découvris donc un rythme de vie différent et surtout bien plus éreintant. Quatre heures du matin tous les jours ; le treizième arrondissement de Paris puis Créteil, chez ma grand-mère, où se trouvaient le camion et la marchandise, puis Créteil et Maison Alfort. Là déballage, installation, vente, remballage, retour à Créteil pour décharger et vider le camion des boîtes vides, recharger, remplir le camion de boîtes pleines, les caisses et les recettes (enfin pas toujours), et enfin Paris où il fallait faire à manger en rentrant, avant de s'écrouler sur le lit, morte de fatigue. Pendant les premiers mois, je me suis demandé si je n'avais pas fait une erreur car je ne voyais pas comment tout cela allait me conduire à la chanson. Je ne perdais pas courage et chantais constamment ; les commerçants me surnommaient « la radio ». Cette période de ma vie me laisse malgré tout de chaleureux souvenirs. C'était dur, oui, mais j'ai beaucoup appris : l'endurance, l'amour du travail bien fait et, par-dessus tout, le rapport avec les autres ; savoir écouter, savoir convaincre, savoir sourire même sans en avoir envie. Quant aux commerçants, c'était des gens sains et francs que je suis heureuse d'avoir côtoyés.

Au bout de quelques mois, j'ai commencé à avoir des copains. Tous connaissaient les groupes à la mode : Dany Logan et les Pénitents ou bien Les Fantômes. Je me suis donc retrouvée dans un groupe, Les Guitares Brother's, pour quelques semaines. Lors d'un périple en Bretagne, à bord d'une traction avant, peu d'entre vous le savent, j'ai fait mon premier passage sur scène ; c'était en août 1962, au casino de Perros-Guirec. Je voyais avec fierté mon nom inscrit sur les affichettes. Enfin, le moment était arrivé, je devenais chanteuse. Nous étions là pour interpréter quatre chansons dans un concert multi-groupes. Mais malgré mes efforts et la ténacité dont je fis preuve, nous sortîmes sous les hurlements et les quolibets du public.

Rentrée à Paris et nullement découragée, je répétais une ou deux fois par semaine, dans une salle de cinéma désaffectée qui appartenait à la SNECMA. Quelle joie de pouvoir jouer avec les lumières. Même si certains soirs des fauteuils étaient vides, pour moi ils paraissaient toujours pleins.

Un soir de septembre, un des garçons nous annonça la nouvelle : nous allions passer une audition. Celui-ci fréquentait de près le Golf Drouot, temple du rock des années 60. Un compositeur du nom de Claude Carrère cherchait une jeune chanteuse et, par Henry Leproux, maître des lieux, avait entendu parler de nos répétitions, rue d'Arcueil. Le rendez-vous était prévu à vingt heures. Tous au garde à vous, une heure avant, nous attendions de pied ferme ce monsieur. Je n'ai pas souvenance d'avoir passé trois heures devant ma glace pour ce rendez-vous, mais seulement d'une excitation fébrile qui était due à l'importance et surtout aux possibilités ouvertes si nous plaisions. Vingt et une heure ; je ne tenais plus ! je cherchais toutes les excuses que pourrait invoquer cet homme, car dans mon esprit il n'avait aucune raison pour ne pas venir. Vingt-deux heures, il fallait se rendre à l'évidence, deux heures de retard, même pour le président de la République, ça ne se fait pas. Il avait donc changé d'avis. Nous décidâmes de plier bagages et de ranger les amplis, ce qui fut fait dans un silence pesant. Je tempêtais dans mon coin ; même pas un coup de téléphone pour annuler ! Vingt-deux heures trente, nous allions éteindre la lumière lorsque la porte s'ouvrit. Un homme apparut ; petit, blouson de cuir, mallette à la main, les cheveux en arrière laissant découvrir un visage rond, lunaire même ! Sans se soucier de son retard, il me demanda de lui montrer comment je chantais. Stupéfaite par sa façon d'agir et après avoir remis en place prises et micros, je me lançai dans la bataille. Je raclai ma gorge complètement nouée et entamai la première chanson : « sur ma plage, sur mon visage, le soleil… » Un signe de la main m'arrêta à la troisième ligne du premier couplet. Il se leva et dit :

— A part ça, qu'est-ce que vous avez d'autre ?

J'entamai sans réfléchir, « Chariot », de Petula Clark. Après cinq lignes, même signe significatif, qui voulait dire « autre chose ». Troisième essai, de plus en plus stressée : « Je chante pour oublier ma peine, je chante doucement en-en, pour oublier ma peine etc., etc. ». J'avais terminé le premier couplet et le premier refrain sans geste de la main ; mon cœur essayait de reprendre un rythme normal, lorsque soudain horreur ! le trou noir, plus un mot, je ne me souvenais plus des paroles, le vide, le néant. C'est étrange, mais mon premier réflexe fut de continuer en faisant la-la-la, et de m'excuser sur l'air de la chanson sans pour autant interrompre quoi que ce soit dans le morceau. Après être retombée sur mes pieds, je ne sais toujours pas pourquoi, le signe destructeur arriva :

— Oui, bon, et quoi d'autre ?

J'entamai « Sheila », en anglais pour quelques

mesures. Il se leva bien avant la fin et, d'un ton sûr de lui, dit :

— C'est bon, je reviendrai demain, à huit heures, soyez là, au revoir.

Et il disparut sa mallette à la main, tel qu'il était arrivé. Assise sur un cube qui traînait là, je me sentais anéantie. C'était raté, il n'avait pas du tout aimé. Triste, déçue, je rentrai chez mes parents. Mais peut-être reviendrait-il le lendemain ? Mes parents m'avaient autorisée à ne pas aller ce jour-là au marché, trop d'agitation régnait dans ma tête. A sept heures, nous nous retrouvâmes à la salle, plus excités encore que la veille, discutant, telles des pipelettes, envisageant mille possibilités, bonnes et mauvaises. A huit heures et quart, la porte du cinéma s'ouvrit. Mon Dieu, ils étaient deux ! Claude Carrère, mallette à la main, toujours en blouson, et un autre homme, cheveux en brosse, petites lunettes et costume. Il nous le présenta comme un ami : Monsieur Jacques Plait. Je pensais : « Pourvu qu'il ne recommence pas comme hier, à m'arrêter dans mon élan toutes les trois lignes ! » Ils s'asseyèrent, et Claude Carrère demanda :

— Pouvez-vous nous faire la deuxième chanson ?

— C'était « Chariot », je crois, répondis-je.

— C'est cela, acquiesça-t-il.

Trois, quatre ; je chantais ma chanson du mieux que je le pouvais et les garçons jouaient du mieux qu'ils le pouvaient, malgré les crampes d'estomac qui nous saisissaient.

Personne ne nous interrompit, pas de signe de la

main et, à la fin, il nous demanda d'autres chansons de Pétula. Je les voyais discuter pendant que je m'évertuais à chanter. Ils ne m'écoutaient plus, ils parlaient. Quand j'eus fini, Jacques Plait partit, C.C. le raccompagna à la porte et revint sur ses pas. Il me demanda de le rejoindre, ce que je fis en courant. Il m'entraîna dehors.

— J'aimerai voir tes parents demain à quatorze heures.

Stupéfaite, je répondis :

— Ils ne peuvent pas, ils travaillent sur les marchés toute la journée.

— Alors en fin de journée, à dix-neuf heures. Je veux aussi t'écouter en studio, je vais prendre rendez-vous et je te tiendrai au courant. A après demain, donc, au revoir !

Il partit vers sa voiture. Je pensais voir une américaine de quinze mètres de long. Mais non, il monta dans une 404 noire. Je courus dans la salle pour annoncer la nouvelle aux garçons. Exultation, la joie était totale, nous allions aller en studio. Incroyable, mais vrai !

Deux jours plus tard, mes parents éberlués étaient avec moi à la salle, pensant que je ne faisais que prendre mes rêves pour des réalités. Quand C.C. arriva, il demanda à mes parents de venir boire quelque chose au café, me plantant là comme une cruche et me demandant de bien vouloir attendre. Je n'ai su que beaucoup plus tard ce qu'ils s'étaient dit. Après une heure d'attente, ils revinrent tous les trois. Maman souriait et mon père avait sa moustache qui frisait, signe que tout allait bien. C.C. nous donna rendez-vous au studio une semaine plus tard à la DMS. (J'ai découvert par la suite que ce studio appartenait à la maison de disques Philips.)

Pour ce rendez-vous si important je m'étais mise « sur mon trente et un », comme on dit. A la réflexion et surtout avec les années, je me demande si trente et un est le bon chiffre. Pour ma part j'aurais choisi le chiffre treize. Ce qui est certain, c'est que mon tailleur, col ras du cou, en daim beige, mon chemisier à jabot blanc et mes escarpins à talons constituaient ma seule tenue de « gala ». Après avoir enregistré en une prise et sans arrêt « Chariot », « Je chante doucement », et « Sur ma plage », C.C. et J. Plait me demandèrent de venir écouter en cabine. Quelle ne fut pas ma stupéfaction de découvrir que je ne reconnaissais même pas ma voix. Je n'avais jamais réalisé que je chantais aussi haut. Je scrutais les regards, les mimiques, la réaction du preneur de son. Mon angoisse était telle que je prenais le moindre sourire comme un encouragement. Dans le doute il faut bien se raccrocher à quelque chose… C'était déjà mon côté positif !

La séance d'essai fut courte. J. Plait partit le premier et C.C. me demanda de rentrer avec lui en voiture, ce que je fis. Nous roulions déjà lorsqu'il me dit qu'à partir de ce moment il me verrait tous les jours pour travailler et répéter.

— Seulement voilà, dit-il, je ne signe qu'avec toi, le groupe ne m'intéresse pas.

— Mais, je chante avec eux, répondis-je.

— Je leur parlerai, de toute façon c'est comme ça ! On ne va pas perdre de temps à discuter de cela, il y a trop de choses à faire.

Comme nous arrivions chez mes parents, il me fixa un rendez-vous dans Paris pour le lendemain. A partir de ce jour, une vie incroyable commença pour moi.

Tous les jours, pendant huit ou dix jours, j'ai chanté dans une voiture entre les rendez-vous de C.C., restant des heures à attendre, recommençant a capella, phrase par phrase, puis couplet par couplet, chaque chanson. Il m'arrivait de m'écrouler en pleurs sous ses réflexions que je ne comprenais pas, et surtout de peur. En fin de journée, il me déposait à une station de métro. L'enregistrement de mon premier disque eut lieu à la DMS. L'ingénieur du son essayait de sourire pour me décontracter. SHEILA, le titre principal que j'avais répété maintes et maintes fois dans la voiture, me paraissait beaucoup mieux avec la musique. Je ne m'étais toujours pas faite au son de ma voix qui me semblait tellement aiguë. A la fin de la séance, C.C. me déclara qu'après réflexion mon nom de chanteuse serait SHEILA. Mon premier disque sortit le 13 octobre 1962.

Sans avoir même réalisé ce qui m'arrivait, j'étais propulsée dans le monde de la chanson. Mais rien n'allait, ni ma tête, ni mes vêtements, ni ma timidité qui était devenue maladive. J'étais trimbalée çà et là entre la maison de disques et les boutiques. Puis C.C. décida de me trouver une coiffure. J'ai dû voir les trois quart des grands coiffeurs parisiens : un jour les cheveux tirés, le lendemain une queue de cheval, le surlendemain la mèche de devant retenue par un élastique tel un jet d'eau sur la tête. J'arrivais à ne plus me reconnaître, mais ça ne convenait jamais. Pourtant, je me trouvais « rigolote » comme ça ! Un jour, par chance, surtout pour mes cheveux, un rendez-vous fut pris avenue Kleber. Je m'y rendis à l'heure, comme d'habitude, et des mains habiles commencèrent à coiffer mes cheveux dans tous les sens. Je me suis retrouvée avec deux petits nœuds de chaque côté, il avait trouvé les couettes qui feront la future carrière de SHEILA.

Ce n'est qu'à ce moment-là que me revint à la mémoire la petite histoire de ma grand-mère. Cette dame dont plus personne ne se souvient (quel est son nom ? comment est son visage ?), cette dame, dis-je, avait sans le savoir fait une prédiction. Les années ont prouvé qu'elle avait raison et tout me laisse à penser aujourd'hui qu'un certain don de médium devait l'habiter pour qu'elle ait pu entrevoir tout cela.

La première prédiction, dans ma vie de chanteuse, est arrivée, elle, tout à fait par hasard. Je venais de finir l'enregistrement de « l'école est finie ». Je me trouvais, je ne sais plus pour quelle raison, sur la Côte d'Azur, à dîner dans un restaurant. Une voyante réputée recevait de temps à autre les clients curieux et angoissés par leur avenir. Je n'osais pas trop demander à la voir, bien que l'envie ne m'en manquât pas. C'est C.C. qui me proposa de lui parler. Bon moyen d'en savoir un peu plus sur sa chanteuse sans trop en avoir l'air.

Heureuse de la nouvelle, je me précipitai, convaincue de mon avenir. Je lui parlai de mes débuts dans la chanson, tandis qu'elle étalait ses cartes après m'avoir demandé d'en prendre treize. Quelle ne fut pas ma surprise de l'entendre me dire que c'était une erreur pour moi de chanter ; ça ne marcherait jamais, je faisais fausse route, ce n'était absolument pas la peine de continuer.

Ma seule chance de succès, mon avenir était dans la danse. Je pouvais y faire une belle carrière.

Finie la chanson, vive la danse. A la veille de la sortie d'un deuxième disque, c'est une situation légèrement déstabilisante.

J'avoue que ce soir-là je me suis sentie complètement désorientée. Tout cela pour vous dire que, comme dans n'importe quel métier, il y a les gens qui ont du talent, et il y a les autres. On ne rencontre pas toujours les bonnes personnes, il faut en prendre et en laisser. Mais ce n'est pas pour cela qu'il ne faut croire en rien. Les bons sont très souvent des gens discrets qui peuvent, en un tour de cartes, mettre votre vie à nu.

Et dire que j'ai failli m'arrêter de chanter dès le début ! C'est une joie que je n'ai, heureusement pour moi, pas eu le plaisir de procurer à certains de mes plus « fervents admirateurs ».

Mon ami le Général

Au tout début de ma carrière, j'avais loué une maison tout près de Saint-Raphaël, pour être plus exacte, à Valescure, une très ancienne demeure dans les vignes. Cette bâtisse avait un charme fou. Les murs étaient épais et gardaient, l'été, une fraîcheur qui se répandait à l'intérieur de la maison. La décoration intérieure était simple, faite de meubles anciens qui embellissaient ces vieux murs. Le jardin, ombragé par de séculaires pins parasols faisait flotter une odeur de résine et servaient surtout de refuge à une grande amie de Monsieur de la Fontaine, la cigale. Les fenêtres plongeaient directement sur les vignes qui appartenaient à la ferme mitoyenne. Le petit rosé de Provence qu'elles donnaient a d'ailleurs souvent arrosé nos repas. Nous vivions la plupart du temps au rez-de-chaussée ; celui-ci se composait d'un grand salon donnant justement sur ces vignes, d'une salle à manger où trônait une grande table en bois, posée sur de superbes tommettes d'époque, légèrement usées par le temps et par les pas qui avaient déjà foulé ce sol, une cuisine et un office.

Au premier étage, desservi par un escalier se trouvaient quatre chambres, deux salles de bains ainsi qu'un cabinet de toilette. L'escalier continuait vers le second étage où trois pièces restaient fermées. Seuls une petite chambre et un autre cabinet de toilette pouvaient être utilisés.

Heureuse de poser mes valises pour l'été dans ce havre de paix, je m'installai, chantant comme un pinson, au premier étage. Dès les premiers jours je remarquais un phénomène étrange. A mon grand étonnement, très souvent le soir, à la tombée de la nuit, des pas se faisaient entendre. Pour être plus précise, un bruit de bottes, de pas cadencés, résonnait dans les étages. Mais plus surprenant encore des portes claquaient avec une force incroyable. Au début, comme tout le monde, je me disais : « les fenêtres sont restées ouvertes et il y a un courant d'air quelque part ». Je montais quatre à quatre au premier et trouvais la plupart du temps les fenêtres fermées. Cette situation me paraissait étrange, mais ne me rendait pas nerveuse, je n'étais ni affolée ni stressée. Je me sentais bien dans cette maison, et songeais, à la fois amusée et rassurée, qu'en tout état de cause je ne vivais pas seule ici. J'étais de plus en plus fascinée et intriguée par ces bruits de pas qui me faisaient penser à une marche militaire plutôt qu'à un numéro de claquettes. Quel que soit l'endroit de la maison où l'on se trouvait, on pouvait entendre un charivari invraisemblable. J'avais essayé mais en vain d'ouvrir les trois portes du deuxième étage, elles restaient désespérément fermées. Je me revois le nez collé sur la porte, l'œil rivé au trou de la serrure essayant d'apercevoir un vieux fauteuil à bascule qui se serait balancé en craquant, ou encore une lame de couteau qui scintillerait dans le reflet du soleil. J'étais en plein Hitchcock, au milieu du film « Psychose ». Il me restait cependant une solution : mener une enquête discrète mais serrée.

J'avais remarqué dans la salle à manger, sur ces tommettes que j'adorais, une énorme tache indélébile incrustée dans la pierre. Mon premier réflexe avait été de penser que c'était vraiment dommage d'avoir renversé de l'huile ou autre chose sur ce superbe carrelage. Mais je ne pouvais pas en rester là. Ni tenant plus et au risque de passer pour une illuminée, je commençais, doucement mais sûrement, à relever des indices. Je n'avais plus besoin de savoir où se trouvaient Madame Pervenche, le Docteur Olive ou le colonel Moutarde accompagnés de la corde ou du marteau comme dans le jeu du Cluedo. Il me fallait seulement réfléchir, et remonter dans le temps pour comprendre et connaître l'historique de cette maison. Quelques jours d'enquête dans le voisinage m'apprirent qu'elle avait été la propriété d'un général en retraite qui y vivait seul avec son majordome. Tout cela me semblait, certes, important mais ne me menait pas très loin. Néanmoins, j'avais déjà deux personnages : le général et le majordome. Continuant ostensiblement à chercher, à questionner, je finis par découvrir le fin mot de cette histoire, qui fut aussi le commencement de la mienne. Un jour, pour une raison qui reste encore obscure aujourd'hui, peut-être dans une crise de folie, le drame était survenu : le général avait été égorgé dans la salle à manger par son majordome.

Depuis des années, et malgré les efforts, rien n'y faisait, la tache de sang occasionnée par ce crime spectaculaire restait indélébile. Le carrelage porterait à jamais le signe brunâtre de l'infortune de ce brave militaire. Je connaissais donc maintenant son origine. Mon imagination fonctionnait à toute vitesse. Tous les faits et toutes les questions qui avaient obscurci mon esprit ces derniers jours devenaient limpides à présent. Tout était simple et cohérent. Le général n'avait pas quitté sa maison, il vivait encore ici et il était très fier de le faire savoir.

Les bruits de pas saccadés étaient les siens. A mon humble avis, cet homme devait aimer faire des farces. Il éteignait la lumière dans une pièce où vous veniez d'entrer, et l'empêchait de revenir malgré votre insistance à vouloir appuyer sur l'interrupteur. Il m'est arrivé à plusieurs reprises de rentrer dans ma chambre pour fermer la fenêtre (des fenêtres à crémone de surcroît), de tourner le dos pour sortir, et d'entendre la fenêtre se rouvrir. Cela ne me dérangeait pas, j'étais bien, je me sentais très heureuse de ces visites quotidiennes. D'ailleurs pour moi, il habitait là, c'est lui qui était obligé de supporter ces intrus qui venaient le déranger dans sa maison. Vint un soir de fête. Nous étions à peu près huit ou dix personnes à table, tout le monde parlait, faisait des commentaires sur la journée, sur la fabuleuse soupe au pistou qui fumait dans nos assiettes, la joie et les éclats de rire résonnaient dans la pièce. Soudain, tandis que nous dégustions notre soupe, j'eus l'impression d'entendre quelques notes de piano. Je m'arrêtai, surprise, mais me gardai bien de faire un commentaire. Je me disais : « Tiens c'est peut-être mon imagination qui me joue des tours ! » Il y avait un piano dans le salon, mais jusqu'à preuve du contraire, il ne pouvait jouer tout seul. Le dîner continuait joyeusement, lorsque la musique nous parvint de nouveau. Nous nous regardâmes tous, interloqués, retenant notre respiration, sans oser dire un mot. N'y tenant plus, je lançai :

— Vous n'avez pas entendu jouer du piano, par hasard ?

— Si, toi aussi tu l'as entendu ?

Nous en restâmes là car nous ne pouvions raisonnablement penser que le piano s'était tranquillement mis à donner pour soi un petit air. Je me levai afin d'aller voir dans le salon s'il y avait quelqu'un. Non, il n'y avait personne. Je décidai de laisser la lumière allumée. Le souper reprit, mais, peut-être une minute après mon retour à table, le phénomène se produisit à nouveau. Dans une précipitation indescriptible, tout le monde s'engouffra par la porte afin d'arriver le premier au salon : le piano de bois clair se tenait dans l'angle de la fenêtre et faisait face à la cheminée. Les commentaires allaient bon train :

— Il doit y avoir une souris, et elle court sur les touches du piano ! disait l'un.

— Mais par où est-elle entrée, la cheminée est-elle bouchée ? demandait l'autre.

A quatre pattes par terre, nous étions tous à traquer un hypothétique animal, que nous ne trouvâmes jamais ! Il fallut retourner à table, car la suite du dîner, un aïoli si ma mémoire est bonne, commençait à refroidir. Pour ma part, je n'avais aucun doute, le général avait décidé de jouer sur son piano ce soir-là. La musique naissait puis s'arrêtait, renaissait et s'arrêtait de nouveau. Nous constatâmes que les notes étaient toujours les mêmes. « Exit » l'hypothèse des souris. Toujours le même petit air lancinant. (De cette soirée d'ailleurs est née la chanson : « Ecoute ce disque » signée par C.C. comme de bien entendu). Certains accusèrent obstinément la souris qui avait sûrement fait le conservatoire, d'autres, de très mauvaise foi, ne voulurent jamais admettre avoir entendu quelque chose, les derniers prirent peur et préférèrent parler d'autre chose. Quant à moi, je trépignais d'excitation ; j'aurais bien voulu le voir ce fameux général !

Les étés se succédèrent dans cette maison, où la cohabitation avec le général était devenu quelque chose de presque normal. Une année, j'avais invité pour quelques jours un couple d'amis, à qui j'avais parlé de l'existence de notre mystérieux locataire. Nous guettions, à la fois attentifs et amusés, les bruits de pas. Un soir, la conversation démarra sur le fluide, les phénomènes paranormaux et les tables tournantes. J'avais repéré, dans un angle du salon, un guéridon, et depuis plusieurs mois déjà, j'attendais avec impatience le moment opportun pour oser « l'expérience ».

Mon amie, très excitée, proposa que la grande tentative eût lieu le soir même. Après dîner, nous décidâmes de nous installer dans le salon. La maison était restée muette. Le piano s'était tu pendant tout le repas. Nous nous assîmes tous les trois autour du guéridon, en ayant pris soin de baisser les lumières et d'allumer une bougie sur la cheminée. La paume des mains sur la table, doigts écartés, nous dirigeâmes toutes nos pensées vers la table ; peut-être aurions-nous la chance d'échanger quelques propos avec mon ami le général. Le silence était total, et nous attendions de pied ferme le moindre signe. Après un laps de temps qui nous parut une éternité, nous constatâmes que la flamme de la bougie commençait à s'affoler, ondulant de tous côtés, comme poussée par un léger souffle de vent qui la faisait danser.

Nous nous regardâmes, surpris et, dans le même temps, persuadés que c'était un signe. Redoublant de concentration, nous dirigeâmes toute notre énergie vers le guéridon. Je sentais confusément que quelque chose allait se passer. Un léger tremblement de la table se fit sentir sous nos mains ; nous touchions au but, la table allait parler ou, plutôt, nous avions de la visite : quelqu'un venait de toute évidence à notre rencontre. Fébrile et tendue, je tentai de rester calme. Puis la table se pencha sensiblement. Mon amie demanda d'un ton décisif :

— Esprit es-tu là ? Si tu es là, frappe un coup.

La table s'exécuta immédiatement.

— Bonjour, nous sommes heureux de t'accueillir, et merci d'être venu. Es-tu un homme ? Un coup pour oui, deux coups pour non.

Deux coups résonnèrent dans la pièce. C'était une femme.

— A qui aimerais-tu parler ?

Mon amie cita son prénom : la table répondit par deux coups. Puis elle cita celui de son mari : deux autres coups. De toute évidence, l'esprit n'était pas venu pour leur parler. Lorsqu'elle posa la même question en citant mon prénom, la table ne tapa qu'une seule fois. Cet esprit était-il venu pour me parler ? Stupéfaite, je ne savais que dire, et pourtant j'avais senti, sans trop savoir pourquoi, qu'il s'adresserait à moi. Les premiers mots qui me vinrent à l'esprit furent :

— Bonjour, merci de me parler. Est-ce que vous me connaissez ?

Un coup me laissa entendre que oui. La table se penchait doucement vers moi, obligeant mes amis à se déplacer pour suivre son mouvement.

— Nous aimerions connaître ton nom ; je vais détailler l'alphabet lettre par lettre pour essayer de deviner ton prénom.

J'épelai doucement : a, b, c, d, e, la table se mit à réagir. Après un temps assez long, nous découvrîmes qu'il s'agissait de EVA. Je connaissais une Eva, mais où donc avais-je entendu ce prénom ? Tout à coup il me revint à l'esprit que mon arrière grand-mère s'appelait Eva.

— Etes-vous mon arrière-grand-mère ?

Un coup me fit comprendre que c'était bien elle. Elle donna alors la raison de sa venue. Le message était de ne pas m'inquiéter, qu'elle était là et qu'elle m'aimait et me protégeait. La séance avait été longue, mais j'avais l'impression qu'elle n'avait duré qu'une fraction de seconde.

Epuisés, mais comblés par notre réussite, nous restâmes très tard dans le salon, commentant cette visite inattendue, car au fond, il est vrai que nous attendions le général. Au cours de mes lectures, dans les années qui suivirent, j'appris que l'on peut, lors de certaines séances avoir d'étranges surprises, et pas toujours positives. Certains mauvais esprits vous donnent de faux conseils, d'autres sont blagueurs et travestissent leur identité uniquement pour s'amuser. C'est là qu'il est important d'être très vigilant. C'est à vous d'être capable de démêler le vrai du faux. Mais ceci est une autre histoire sur laquelle nous reviendrons peut-être. J'avoue que je n'ai jamais fait tourner ce guéridon depuis cette fantastique expérience. Peut-être parce que les personnes qui sont venues par la suite dans cette maison n'avaient aucunement envie d'entendre parler du général ou de quelque autre esprit ? Inutile de vouloir imposer aux autres ce qu'ils ne sont pas prêts à entendre. Il faut un minimum d'ouverture « d'esprit » vers ces choses, ne serait-ce que pour avoir un début de conversation. Ce dont je suis intimement persuadé, c'est que tôt ou tard, ici ou ailleurs, le moment viendra pour eux aussi. On ne vit pas dans le noir indéfiniment, un jour la lumière brille pour chacun de nous.

J'ai loué cette maison encore quelques années, puis le moment vint où il ne me fut plus possible de vivre là : en effet, ce petit coin tranquille dans les pins de Valescure était devenu un lieu de pèlerinage pour mes « fans ». Tout le monde venait voir la maison de Sheila, s'arrêtait pour me demander un autographe. Les cars belges, les vacanciers du coin, les papis et les mamis, chacun essayait de prendre une photo en criant mon nom. Restant cloîtrée, je regardais les vignes depuis le salon, jusqu'au jour où, descendant de la salle de bains, heureusement bien enveloppée dans une serviette, je me suis trouvée nez à nez, au pied de l'escalier, avec un inconnu qui pensait certainement que c'était l'heure des visites. Il voulait me voir et me demander un autographe. J'avoue que dans un moment comme celui-là, je ne suis pas ce que l'on peut appeler aimable et sympathique. Ce serait plutôt tante Pim dans ses grandes colères.

Surpris par ma réaction, il sortit sans demander son reste. Malheureusement, cette année-là fut la dernière à Valescure. Par la suite, j'ai été obligée d'organiser mes vacances autrement. Cette maison, je n'ai jamais pu l'acheter. Je le regrette car au fond je m'étais habituée à cette petite musique invisible qui venait du salon, et surtout à ce pianiste particulier : mon ami le général.

Esprit frappeur ou poltergeist

Cette anecdote concernant le général est plutôt mignonne. C'était un esprit « bien élevé » et le son du piano était agréable. Cependant, il faut admettre que ces « manifestations surnaturelles » ne prennent pas toujours le même visage charmant et sympathique. L'esprit frappeur peut se présenter aussi sous la forme de courses, de bruits divers, de tapages en tous genres, de voix gémissantes, de chuchotements, etc. Les meubles peuvent être bousculés, la vaisselle cassée, enfin, une situation de tout repos !

Les esprits frappeurs sont parfois la manifestation d'actions venant de l'esprit des morts ; mais ce n'est pas la seule possibilité. Ils proviennent aussi d'actions contrôlées ou incontrôlées du psychisme de certains vivants ou sont encore le fruit d'éléments inconnus de l'éther. Toutes ces manifestations restent une énigme jusqu'à ce jour. « Il faut bien avouer que nombreux sont ceux qui, reconnaissant la réalité de ces phénomènes, les considèrent néanmoins comme totalement inexplicables. »

Ces esprits invisibles, s'ils ne sont pas l'émanation d'êtres morts, quels sont-ils ? D'où viennent-ils ? Ne sont-ils pas, en fait, ces millions, ces milliards d'esprits qui forment tous ensemble ce que certains appellent « l'âme du monde ? »

Ne peut-on pas y reconnaître les esprits qui n'ont pu s'élever en raison de leurs vies antérieures et qui sont en attente d'une « nouvelle affectation » ?

C'est une hypothèse très tentante et très séduisante.

On a toutefois remarqué depuis longtemps que ces phénomènes surnaturels ne sont en aucun cas dangereux pour l'être humain. C'est comme si quelqu'un voulait se faire remarquer, se faire comprendre sans jamais avoir l'intention de faire du mal. Autant les projections de meubles ou d'objets contre les murs d'une maison sont spectaculaires et d'une force, d'une violence incroyables, autant, lorsque celles-ci viennent percuter le ou les témoins, cette force extraordinaire est inexplicablement modulée, contrôlée. Encore une fois, si toutes ces manifestations sont troublantes et rendent beaucoup de gens sceptiques, elles sont, malgré tout, bien réelles, comme le sont la pluie et le soleil.

Les esprits frappeurs ont été de tout temps l'objet de nombreuses et vives polémiques. Si certaines personnes ayant assisté ou observé des « phénomènes surnaturels », souvent en présence de plusieurs témoins, les affirment, d'autres nient en bloc la véracité de ces témoignages en se retranchant derrière la vérité scientifique ou du moins ce qu'ils en connaissent pour l'heure. Pour eux, le médium est un charlatan, un « zozo », un illuminé. Pour ces censeurs, les témoins de tous ces événements sont victimes d'hallucinations, qu'elles soient individuelles ou collectives. Et c'est souvent un sentiment de moquerie qui domine dans leurs propos.

Ils vont même jusqu'à rejeter les travaux tout à fait remarquables réalisés par Camille Flammarion sur le sujet, à la fin du siècle dernier. La probité de ce savant reconnu peut difficilement être mise en doute, d'autant que nombre de cas observés par lui, l'étaient souvent avec le concours de témoins assermentés comme des membres de la gendarmerie ou de l'Eglise.

Or tout le monde peut un jour constater ces phénomènes dits « paranormaux », il suffit pour cela d'être « réceptif » au moment ou ces événements se produisent. On peut donc dire que chacun ou chacune d'entre nous est un médium qui s'ignore.

Éva ou la valise magique

Dans mon enfance, j'ai très peu entendu parler de mon arrière-grand-mère ; quelques bribes de phrases, de temps à autre, laissaient entendre qu'un léger dérangement troublait son comportement. A cette époque, il est certain que, étant donné mon jeune âge, tout cela ne me paraissait pas d'un grand intérêt. Puis, les années passant, plusieurs médiums ayant fait allusion à une personne nommée Eva, qui était au-dessus de ma tête et me protégeait, je décidai d'en toucher un mot à ma mère. A l'instant même où je prononçais ce prénom, ma mère me dit :

— Mais, c'est le nom de ma grand-mère, la mère de Mamy ! On l'a toujours considérée comme une femme très étrange. Elle faisait des conférences et passait ses nuits enfermée dans sa chambre, à écrire. Il paraîtrait qu'elle recevait des messages !

Heureuse d'avoir enfin découvert qui était Eva, je ne cherchais pas à en savoir plus sur la vie de mon aïeule.

Le jour du déménagement de ma grand-mère,

quelque quinze années plus tard, je piaffais d'impatience à l'idée d'aller fouiller une dernière fois dans son grenier. Depuis ma plus tendre enfance, il avait été pour moi un endroit magique, rempli de cartons, de vieilles malles dans lesquelles on trouvait des robes et des chapeaux d'époque, fanés par le temps, des services de table dépareillés que l'on gagnait en cadeau après l'achat de dix paquets de café ; une radio, des vieux paquets utilisés jadis pour emballer les gâteaux. Comme dans les vrais greniers, tout était recouvert de poussière, du tourne-disque avec son haut-parleur au costume militaire de mon grand-père. Des dizaines de paquets de savon en copeaux datant de la guerre avaient survécu aux années. Triant les vestiges du passé, je me régalais à ouvrir les boîtes, espérant y trouver un trésor, sachant très bien qu'aucune d'entre elles ne contenait des louis d'or, mais seulement soixante-dix ou quatre-vingts années de souvenirs. Je fouillais, telle une mite dans un pull de laine, au milieu des photos, lorsque ma grand-mère me tendit une carte postale :

— Tiens, voici ton arrière-grand-mère, elle était très belle, mais très spéciale. Tout le monde l'a toujours prise pour une folle, parce qu'elle était différente, elle n'allait jamais à la messe et détestait les curés.

Saisissant la carte jaunie par le siècle qui nous séparait, je découvris le dessin d'une femme, debout à côté d'un drapeau et d'un étendard. On avait pris soin de faire un montage avec la photo du visage de mon arrière-grand-mère. A ses pieds on pouvait lire :

« Madame Eva, conférencière. » L'intitulé de la carte était : « Nouvelle réincarnation de Marianne. »

Au dos de la carte, il y avait un texte extrait de la conférence faite le 7 juin 1913 par Madame Eva. Je gardais cette carte, amusée.

— Tu sais, ma mère était très renfermée, elle passait ses nuits à écrire et à parler avec des voix. Certaines personnes la vénérait, d'autres la prenait pour une sorcière, ou plutôt pour une personne un peu dérangée.

J'écoutais attentivement, mais sans vraiment chercher à approfondir. Il fallait continuer à vider les caisses, et tout cela ne me permettait pas de rester une heure à discuter.

Les années passèrent, j'entendais parler de temps à autre d'Eva. Puis, je commençai vraiment à me passionner pour le spiritisme. Alan Kardec devint mon auteur de chevet. *Du livre des esprits*, au *Livre des médiums*, je dévorais les pages comme on mange une énorme tranche de pain beurrée avec du chocolat (noir, bien sûr).

Un après-midi de juin, confortablement installée dans le canapé du salon, je discutais à bâtons rompus avec une copine lorsqu'Eva devint le sujet de conversation. Mon amie, l'œil écarquillé, essayait désespérément d'en savoir plus sur mon arrière-grand-mère. « Mais enfin je ne comprends pas, il te reste bien quelque chose d'elle ? » Cette question provoqua le déclic. « Mais maintenant que j'y pense, elle avait un maître ? Et si c'était Allan Kardec ? Au fond ils ont vécu à la même époque. » Et nous voilà toutes deux à la recherche de cette vieille carte postale. Elle était là, c'était certain, coincée dans les pages d'un de mes livres, ou bien rangée soigneusement dans un endroit où je ne risquais pas de l'égarer. Il faut vous dire que dans ces moments-là je deviens complètement hystérique. Je range tellement bien, tellement soigneusement les choses, dans des coins tellement invraisemblables qu'il me faut généralement des heures et des jours pour les retrouver. J'en arrive même à en oublier la cachette, avec le temps. Par chance, au bout d'une heure seulement, Eva réapparaissait, fidèle à elle-même, vêtue de tricolore. Je m'empressais de lire au verso pour découvrir l'invraisemblable. Sa conférence était inspirée par le Maître Allan Kardec ! Nous sautâmes toutes les deux de joie. Elle l'avait donc sûrement connu. J'appelais ma mère, avant de me précipiter chez ma grand-mère avec mon amie. Nous voulions tout savoir, faire surgir le moindre souvenir enfoui au fond de sa mémoire. Après quelques questions, mamy, décida pour me faire plaisir, de sortir ses secrets de son buffet (elle a l'art, elle aussi, telle une fourmi, de coincer dans les recoins les plus inattendus des merveilles.) Une photo jaunie, me permit de faire la connaissance d'Eva. Visage fin, joues pommelées, son regard noir pétillant laissait deviner une femme de caractère, toujours pleine d'allant. Petite main de son état, elle confectionnait avec goût dans son village des Vosges des chapeaux à faire rêver la reine d'Angleterre. Deux filles lui étaient nées d'une union chaotique avec Albert Chaumont ; Jeanne et Georgette (ma grand-mère). Très croyante, elle avait envoyé ses filles au catéchisme, l'église tenant une grande place dans le foyer, jusqu'au jour où, par hasard, elle découvrit que le curé aimait un peu trop les petites filles. Elle exprima sa colère avec tant de passion qu'elle devint, à dater de ce jour, le vilain petit canard du coin. Ne trouvant désormais plus de travail, elle vivait dans l'angoisse. A travers les mots, les intonations de ma grand-mère, je pouvais ressentir la violence du choc qui avait ébranlé ces deux enfants. Il fallait tout barricader la nuit pour se protéger des voisins qui lançaient des pierres sur les volets, les murs, arrachant par plaisir les fleurs de son jardin, menaçant de mettre le feu à cette maison devenue maudite. Eva passait maintenant aux yeux des gens pour la « sorcière ». Dans son sommeil tourmenté, elle allumait souvent une bougie, afin de noter les messages venus de l'au-delà. Malgré les rumeurs qui allaient bon train, certaines femmes, plus ouvertes d'esprit, venaient en cachette lui demander conseil, réclamant la plante miracle ou la tisane magique faite d'herbes triées sur le volet et susceptible d'adoucir les maux insoutenables. L'une d'entre elles la supplia même de venir nettoyer sa maison, de faire cesser les bruits, les craquements qui devenaient effrayants. Les années passant, Eva s'enfermait toujours plus longtemps dans son grenier, allant jusqu'à confectionner de ses mains un guéridon à trois pieds, pour le faire tourner plus aisément. Ma grand-mère le voit encore taper et tourner sous les mains expertes de cette surprenante maman. Cette table sent encore bon la cire, et en dépit de son style très éclectique, là dans l'angle du salon, elle brille des bonnes ondes qui restent enfouies dans le cœur de son bois. Rien qu'en l'effleurant on peut sentir l'importante chaleur qui en émane. Son fluide est imbibé pour l'éternité, n'attendant que la suite du voyage pour entrer à nouveau en contact avec l'inconnu. Comment ne pas être fascinée par cette femme qui possédait tellement de secrets. Allant çà et là, de pèlerinage et de prières en conférences, de maisons hantées en plantes cueillies avec amour pour alléger les souffrances de la vie. Mais seul le guéridon semblait pouvoir nous conter les derniers jours de son existence étrange et solitaire. Lui seul ! Comment était-ce possible ? Elle avait obligatoirement laissé des livres, des écrits, puisqu'on n'arrêtait pas de me répéter qu'elle écrivait tout le temps. Ce n'était pas imaginable que personne n'ait rien gardé de cette femme. Ma grand-mère avait bien le vague souvenir d'un carton, mais tout était chez sa nièce, du moins le pensait-elle. Au bout de deux jours d'attente, qui me parurent interminables, j'eus enfin des nouvelles. Tout avait disparu, sauf une vieille valise qui lui appartenait. Lorsque j'en pris possession, je n'en crus pas mes yeux. Cette valise était devant moi, serrure rouillée, pleine de poussière. Je l'ouvris avec précaution, ma mère ayant eu la délicatesse de ne pas profaner mon rêve. Et là, devant moi, oh ! incroyable ! Des cahiers, des dizaines de cahiers écrits de long en large, dans tous les sens. Des photos de pèlerinage qu'elle avait dû effectuer. Cahiers de rêves et d'apparitions. Certains, rédigés au crayon, gardaient encore la trace d'une bougie, d'autres étaient couverts d'une très belle écriture à la plume. Cette femme devait être extraordinaire et médium de surcroît. J'avoue qu'il est fabuleux de lire ces écrits. Pour n'en citer qu'un :

« Cahiers de rêves croyant à leurs significations, car plusieurs se sont réalisés. Beaucoup me sont donnés par expérience, avec mes connaissances, ce sont des phénomènes à retenir, ce sont des prévisions d'avenir. Commencer le 18 janvier 1931. »

Il m'est difficile de ne pas être sensible à cela. Pourquoi ai-je été la seule à ouvrir cette valise, à chercher à comprendre ? Comment mon cerveau a-t-il associé Allan Kardec et Eva Mougenot ? Pour moi, il n'y a pas de hasard, mais des moments ; il faut juste rassembler les petits morceaux. Il va me falloir des années pour déchiffrer et lire ses mémoires. Mais je suis certaine qu'il y a quelque part un message que je trouverai en feuilletant l'un de ses cahiers. La première chose qui vient de me sauter aux yeux est cet extrait : « Votre esprit est subitement à la recherche de quelque chose, la grande différence est que lorsque celle-ci se présente à vous, vous ne la ratez pas, bien au contraire, vous l'attirez, vous commencez à la disséquer. »

Les cahiers d'Eva

Ils sont plusieurs dizaines, empilés les uns sur les autres, baignant dans cette étrange et attachante odeur de vieux papier. Les couvertures de couleur bleu ou rose sont jaunies par le temps et certaines vantent « les mérites et les bienfaits » du vaste Empire colonial Français.

L'écriture est rapide, saccadée, heurtée, la plume « sergent major » ayant été mise à rude contribution. Une sorte de classement est établi par année, comme pour montrer une certaine cohérence, un souci d'organisation, d'ordre même dans cet univers ô combien baroque.

Les pages sont remplies de cette écriture houleuse, parfois même agitée par une formidable tempête. Cette étonnante calligraphie est horizontale, diagonale, elle aime à s'exprimer dans tous les sens de la page et laisse au lecteur une indicible impression de chaos.

Les textes traitent de tout : philosophie, recettes de cuisine, géographie, politique, histoire, littérature, religion, poésie.

C'est un gigantesque almanach fantastique, la chronique du monde ou plutôt des mondes.

Çà et là, des taches d'encre ou « pâtés » évoquent une tendre maladresse. Pages après pages, on s'étonne. On y voit tour à tour des dessins ou des plans, aux mystères impénétrables.

C'est Léonard de Vinci, Nostradamus et le facteur Cheval réunis dans un même ouvrage, une symphonie de l'absurde (qui sait ?) jouée par un barde Celte, ami du roi Arthur.

Personne ne pourrait imaginer le trésor de richesses enseveli dans cette vieille valise à la mine toute fripée.

L'expérience

Nous avons tous pu constater à quel point chaque revers de fortune nous fait progresser (pas très évident sur le coup, et pourtant...). Nous avons pu noter que les plus importants, émotionnellement parlant, sont souvent ceux qui, quelques mois plus tard, nous ont le plus transformé. Dans ma vie je n'ai jamais eu de gros ennuis de santé. Quelques petits pépins de temps à autre, pas de quoi fouetter un chat.

Il est vrai que je suis ce que l'on pourrait appeler « une dure à cuire ». Je n'ai pas l'habitude de me plaindre. Je déteste surtout rester au lit, j'ai toujours la sensation d'une perte de temps épouvantable en pensant à la grasse matinée. Je ne supporte pas de vivre enfermée, j'étouffe.

J'ai une soif incroyable de nature, de senteurs, d'air frais. C'est pour moi vital de marcher, respirer, regarder ce qui m'entoure. La nature est un monde tellement extraordinaire dans ses changements, ses saisons, ses couleurs, qu'en prenant un peu de temps, on ne peut être qu'émerveillée. On ne peut que s'extasier devant un tel spectacle (excusez-moi, je m'emballe). Mais revenons à notre histoire. Septembre venait d'arriver, je traînais depuis quelques jours une petite fièvre, rien de bien important, probablement due à une grippe intestinale. De toute façon, mes obligations ne pouvaient être reportées.

Marraine de la récolte 1987 des dernières vignes cultivées à Montmartre, je me bourrais de cachets, pour être à la hauteur de ma tâche, bien persudée qu'il n'y paraîtrait plus le lendemain. Rentrant à la maison vers 19 heures 30, je me sentis vraiment lasse et préférai monter me coucher sans rien manger, à la grande surprise de tout le monde.

Durant la nuit des douleurs épouvantables commencèrent à me tordre le ventre.

Je pris un somnifère (moi qui n'en prends jamais), histoire de dormir un peu.

La visite chez le médecin pouvait bien attendre le lendemain. La douleur devenait de plus en plus insoutenable, mon corps commençait à se tétaniser. Yves, mon compagnon, me voyant dans cet état, et n'acceptant pas mes protestations, décida d'appeler sans plus attendre les pompiers. Dans les cinq minutes qui suivirent, j'étais sur la civière, enveloppée dans une couverture, direction, la clinique de Marly, toutes sirènes dehors. J'étais là, recroquevillée dans le fourgon, tenant la main d'un pompier qui me parlait afin de m'empêcher de sombrer dans le sommeil. Ce court voyage me parut une éternité. Mal au cœur, mal au ventre.

Mais ces hommes qui vous aident et vous soutiennent dans ces moments où vous ne savez même plus quel est votre nom, sont d'un calme et d'une efficacité extraordinaire. A 3 heures du matin, le médecin de garde, vu mon état, me fit installer immédiatement dans une chambre. Yves et moi connaissions bien les couloirs et les infirmières de la clinique ; mon père y avait séjourné durant deux semaines, trois mois auparavant. Yves très calme (en apparence) affrontait la situation, ayant complètement oublié sa sainte horreur de l'éther. En très peu de temps les docteurs étaient autour de mon lit et décidaient de commencer les examens. Perfusions, prises de sang, radiographie, allongée, debout, échographie. J'essayais de faire face. La douleur était toujours là, moins aiguë, mais présente. Dimanche.

J'attendais les résultats, allongée sur mon lit, quand soudain la fièvre se mit à monter. Je ruisselais de sueur et me sentais partir, telle une plume qui s'envole poussée par le vent. Et c'est ainsi qu'en l'espace de quelques heures, je me suis retrouvée sur le billard, avec un demi-litre de pus dans le ventre, un taux de globules blancs anormal qui annonçait un début de septicémie.

Diagnostic : éclatement d'une trompe.

Vous comprenez pourquoi les douleurs étaient si insupportables.

Les docteurs M. et D. sont restés 5 heures en salle pour réparer les dégats (et me sauver la vie). Lorsqu'ils sortirent du bloc, ils avertirent Yves qu'ils ne pourraient se prononcer que trois jours plus tard. Vu l'ampleur du désastre, ou mon organisme se battait et réagissait bien, ou...... (genre de nouvelle très réjouissante pour les gens qui vous aiment).

En ce qui me concerne, je n'ai aucun souvenir de ce qui s'est passé. Seules les monstrueuses douleurs, qui m'entraînaient vers le ciel, étaient présentes à mon esprit. J'étais systématiquement projetée dans la lumière, haut, toujours plus haut, attirée comme par un aimant. Je me sentais partir, voler, vers la douceur et la beauté de ce qui m'appelait. Le soulagement était là, dans cette douceur, l'éblouissement était invraisemblable derrière mes paupières closes. Puis j'ai commencé à monter, à cheminer vers cette lumière, aspirée par une force qui me tirait vers le bout d'un long tunnel. Dans l'apesanteur la plus totale, je planais, pouvant regarder mon corps gisant sur ce lit de douleurs. Mon enveloppe n'était plus que tuyaux, bouteilles, goutte à goutte, je ne sentais plus rien, juste la douceur et la plénitude, la sérénité. Rien ne pouvait plus m'atteindre à présent, j'étais tel un fœtus dans le ventre de sa mère, merveilleusement bien. Mais les mots ne sont pas suffisants pour expliquer cette fabuleuse sensation. A aucun moment je ne me suis sentie effrayée, jamais la moindre angoisse de la mort n'a envahi mon esprit. Bien au contraire, je savais où j'allais, mon âme était happée par cet incroyable halo lumineux. Tout mon univers n'était qu'une immense clarté et, à chaque douleur, je me réfugiais, inconsciente, dans cette lumière qui m'aidait à accepter la souffrance. C'était une délivrance. Le temps était peut-être venu pour moi de quitter définitivement cette terre, laissant sur ce lit une enveloppe qui n'était que le malheureux reflet de la souffrance. Ce qui est amusant (façon de parler), c'est que, jamais, non jamais, je n'ai songé à la mort au cours de la période située entre le départ de la maison et mon entrée dans le bloc opératoire. Pas de stress, pas de peur. Rien qu'une question :

« Quel a bien pu être mon karma, pour avoir à souffrir autant ? »

Il y a une résistance hors du commun dans le corps humain. Ma vie saine, en plein air, m'a sûrement aidée. Inconsciente, je savais que je n'avais pas encore terminé le travail que j'avais à faire. Au-delà de la paix et du bien-être de cette lumière, il me fallait revenir pour terminer ma tâche. Dieu en a voulu ainsi puisque je suis là. Selon ma mère, la première phrase que j'ai susurrée, a été :

— Et dire, qu'il y en a qui pensent que je suis un homme !

Au fond, cette histoire m'avait énormément traumatisée et, pourtant, une idée comique me traversa l'esprit ; entre les drains, les tuyaux et les perfusions, je ressemblais beaucoup plus à une brochette qu'à Madonna jetant sa petite culotte devant une foule en délire. Le silence m'a accompagné plusieurs jours. Le tube qui me traversait du nez à la gorge me faisait trop mal. A travers mon esprit embué, je me demandais comment il était possible, en quelques heures, de voir la mort de si près.

Pendant un séjour de trois semaines, je m'efforçais d'avancer, mètre après mètre dans le couloir. Tous mes muscles, mes heures d'entraînement, avaient disparu avec les dix kilos perdus, pour laisser place à une petite chose maigrichonne, pliée en deux et dans l'incapacité de monter l'escalier de la maison.

Yves telle une infirmière qualifiée, m'emmena loin de tout pour un mois.

A dater de ce jour ma vie a basculé. J'ai réalisé l'importance des choses, l'importance des gens et par-dessus tout, ce que je crois vrai sur le réel et l'irréel (qui pour moi ne font qu'un).

Au travers d'une expérience comme celle-là, votre regard sur la vie, l'univers, les valeurs se transforme. Votre conscience et vos yeux ne sont plus seuls à agir ; une pulsion venant du fond de vous-même gère et change votre manière d'être. Poussé par ses vibrations, vous utilisez vos cinq sens différemment, simplement parce que vous en avez découvert un sixième : celui de l'expérience.

L'univers a été créé par la force transcendante, Dieu, Allah, Vishnou. Peu importe le nom que l'on veut lui donner, nous n'en restons pas moins un élément de cette force, une toute petite partie d'un ensemble qui est régi par cette puissance.

Nous avons eu la chance d'être créés comme des êtres pensants. Pourtant nous n'utilisons qu'une infime partie de notre cerveau. Notre mémoire est orientée dès le départ par l'éducation que nous recevons et dont nous garderons la trace très longtemps. Un enfant de soi, naît pur, il ne fait pas la différence entre le blanc et le noir. Suivant les mots et les réactions qu'il percevra autour de lui, il s'ouvrira sur les autres, ou les regardera d'un œil accusateur. Prenant exemple sur ses parents il continuera peut-être la chaîne des individus xénophobes, et cela uniquement parce qu'il aura reçu un enseignement basé sur une approche négative de la différence. On peut souhaiter qu'avec les années il comprendra et réalisera l'erreur de ceux qui l'ont éduqué. Mais il a son chemin à faire, son karma à nettoyer. Chaque être a un plan vibratoire différent. Si vous êtes près d'un enfant, c'est que vous avez quelque chose à lui apprendre et lui à vous enseigner. Vous n'êtes pas là par hasard.

Je ne me suis pas trouvée dans cette galère pour rien. J'ai tellement appris de cette vilaine aventure, que je ne puis douter que tout cela m'ait fait progresser. Ce séjour à l'hôpital a remis les choses en place. Je devais sûrement en passer par là. Ce que j'avais ignoré pendant des années, par légèreté, par manque de maturité ou pour tout dire, par ignorance, avait volontairement frappé à ma porte.

Je ne suis pas plus avancée que le commun des mortels. Nous avons tous la même origine. Nous possédons tous un karma qui n'est en aucun cas figé.

Chacun de nous a son libre arbitre. Voilà pourquoi nous avons le mérite de créer, d'étudier, de chercher, d'écrire ou de chanter.

Nous avons aussi la chance, pour chacun d'entre nous, d'avoir des guides (spirituels, je m'entends), prêts à nous aider.

Mais il est essentiel de desserrer son carcan, pour rester disponible, s'ouvrir ne serait-ce qu'un peu, se mettre en harmonie avec les présences qui nous entourent, qui nous enveloppent. Alors seulement l'énergie créatrice pourra nous guider.

A chaque évolution, chaque progression, nos vibrations changent et attirent le complément, l'équilibre qui convient à l'instant donné.

On sait depuis des années quelle énorme place tient la dimension spirituelle dans la guérison des maladies graves. La vision des gens qui traversent ces épreuves se transforme. Serait-ce parce qu'ils étaient prêts à recevoir la manne céleste, que leur âme était disposée à l'AMOUR ?

Ayons un peu d'humilité, quel est l'être humain qui ne cherche pas au fond de lui-même la paix, l'équilibre de l'amour, la compréhension envers lui-même et envers les autres ?

Bien menteur celui qui ne l'admet pas ! Le temps passant, grâce à l'expérience, nous réalisons le changement progressif qui s'accomplit à l'intérieur de nous. Soigner son corps est important, mais il ne faut jamais perdre de vue que, même si l'enveloppe est belle, le noyau doit être extraordinaire pour permettre au fruit de grandir et de devenir mangeable.

Au cours de ce séjour imprévu, je fis la connaissance de Krishnamurti. Lorsque j'ouvris pour la première fois l'un de ses livres, j'eus vraiment la sensation de lire du chinois (remarquez, chinois ou indien, c'est toujours de l'hébreu). Les drogues ingurgitées par mon corps, pendant ces semaines, devaient m'avoir complètement embué le cerveau. Pourtant, après quelques jours je tentai une seconde fois de pénétrer dans son univers. Le premier chapitre suscita en moi des idées complexes et déstabilisantes. Page après page, tout était remis en question, l'équilibre des cartésiens que nous sommes chancelait (ce qui pour moi était une sensation familière.).

Avec Krishnamurti, si vous croyez posséder la connaissance, vous tombez de haut, chaque pensée émise par lui vous apprend qu'en fait vous ne savez rien. J'ai tiré de son enseignement quantité de choses, dont la plus inestimable à mes yeux est qu'il faut commencer par s'oublier un peu pour se fondre dans la totalité.

Réincarnation

Chaque être humain tend à se rapprocher de Dieu. Pour cela, il lui faudra vivre plusieurs vies terrestres. Depuis la nuit des temps, tous les peuples de la terre ont l'intuition, l'intime conviction que la vie ne se termine pas avec la mort. L'existence est en fait un passage. Vie après vie, l'âme doit s'élever afin d'atteindre la pureté totale car, enfin, comment pourrait-on donner une chance de s'amender à un criminel, sinon en lui permettant de vivre une autre vie placée sous le signe de l'amour et du pardon ?

Chaque être sur la terre désire ardemment le bonheur suprême. Chacun perpétue la mémoire et le souvenir des parents ou amis qu'il a perdus. Il leur rend hommage et espère les retrouver dans l'au-delà.

Qui n'a jamais eu la sensation d'avoir déjà vécu une situation, d'avoir déjà vu un paysage, de vivre quelque chose de déjà connu ? Toutes ces sensations sont le fruit de notre inconscient qui nous rappelle que l'âme est perfectible et qu'elle a besoin, pour atteindre cette perfection, de traverser plusieurs vies.

En Egypte, les âmes sont les filles du ciel. Elles sont destinées à monter vers les sphères supérieures selon leur degré de sagesse. Les autres, celles des ignorants et surtout celles des méchants, doivent vivre des réincarnations plus ou moins nombreuses. Seules les âmes vertueuses sont libres d'accéder à la lumière.

L'homme est le seul être doué d'une double existence. Son corps est mortel alors que son âme est immortelle. Pour les Egyptiens de l'antiquité, Dieu était partout dans l'univers. Ils s'imprégnaient de lui, ils vivaient pour lui et souhaitaient que leur âme vive éternellement, fasse l'ultime voyage sans jamais revenir.

C'est en découvrant toutes ces choses, petit à petit, que je prends de la force. Rien n'est dû au Hasard. Toute chose apprise est acquise à jamais. Cela chacun peut le vivre à tout instant. Il suffit d'écouter, il suffit de s'ouvrir et de vouloir apprendre. Chaque nouvelle connaissance est une aide précieuse dans la quête du bonheur.

La peur de l'inconnu, la peur de la mort, cette éternelle question du pourquoi de l'existence, habitent, à des degrés divers, chaque être humain sur cette terre. Est-il possible qu'après la mort toute l'expérience accumulée pendant une vie terrestre soit irrémédiablement perdue, disparaisse à jamais dans l'infini ? Grande question à laquelle il est difficile de répondre avec certitude, le niveau actuel de la connaissance humaine ne le permettant pas. Et pourtant, beaucoup d'entre nous ont « l'intime conviction » que cet acquis continue à vivre à travers le temps.

Propos de Camille Flammarion

extrait de : « La pluralité des mondes habités. »

Notre séjour terrestre est un lieu de travail où l'on vient perdre un peu de son ignorance originaire et s'élever un peu vers la connaissance ; le travail étant la loi de la vie, il faut que dans cet univers, où l'activité étant la fonction des êtres, on naisse en état de simplicité et d'ignorance ; il faut qu'en des mondes peu avancés on commence par les œuvres élémentaires ; il faut qu'en des mondes plus élevés on arrive avec une somme de connaissances acquises ; il faut enfin que le bonheur auquel nous aspirons soit le prix de notre travail et le fruit de notre ardeur.

Propos d'Allan Kardec

extrait de « Œuvres posthumes ».

Les Français d'aujourd'hui sont ceux du siècle dernier, ceux du Moyen Age, ceux des temps druidiques ; ce sont les exacteurs et les victimes de la féodalité, ceux qui ont asservi les peuples et ceux qui ont travaillé à leur émancipation qui se retrouvent sur la France transformée, où les uns réparent dans l'abaissement de leur orgueil de race et où les autres jouissent de leurs labeurs. Quand on songe à tous les crimes de ces temps où la vie des hommes et l'honneur des familles étaient comptés pour rien, où le fanatisme élevait des bûchers en l'honneur de la divinité, à tous les abus de pouvoir, à toutes les injustices qui se commettaient, au mépris des droits les plus sacrés, qui peut être certain de ne pas y avoir plus ou moins trempé les mains, et doit-on s'étonner d'avoir vu de grandes et terribles réparations collectives ? Mais de ces convulsions sociales sort toujours une amélioration ; les esprits s'éclairent par l'expérience ; le malheur est le stimulant qui les pousse à chercher un remède au mal ; ils réfléchissent dans le monde spirituel, prennent de nouvelles résolutions, et quand ils reviennent, ils font mieux.

C'est ainsi que s'accomplit le progrès de génération en génération.

Première vie antérieure :
Le moine

Avec toutes mes lectures, mes rencontres, mon évolution et surtout après une opération qui a bien failli me faire quitter la terre, ce qui m'importait le plus était de comprendre le sens de cette épreuve. Elle venait bien de quelque part ! Je devais chercher, mais surtout trouver la raison pour laquelle j'avais eu besoin de traverser ce désert.

Ce qui me revenait le plus souvent en l'esprit était la phrase de Monsieur Guinebert :

« Tu es en pleine mutation. Tu vas renaître, autre et pourtant identique. Ce sera l'aube d'une nouvelle vie. A dater de ce jour, tu seras là pour guider et enseigner. Sois sans crainte, mon petit chat, aime les gens. Tu comprendras plus tard. » Guider et enseigner, je dois dire que tout cela m'étonnait un peu car j'avais plutôt l'habitude d'entendre dire çà et là, que j'avais un pois chiche à la place du cerveau (pôvre femme !). Tout cela tournait et retournait dans ma tête. Il y avait à coup sûr quelque part une serrure dont je n'avais pas la clé. Je devais franchir le pas, remonter le temps. Pour moi, il était important de trouver la méthode et surtout la bonne personne pour le faire. On ne se lance jamais à l'improviste dans ce genre d'expérience. Connaissant déjà l'hypnose, je n'y adhérais pas vraiment ; il ne vous en reste aucun souvenir. J'avais aussi entendu parler de l'acupuncture, mais l'Orient était un peu loin. Il me fallait patienter. Je n'ai pas eu longtemps à attendre. Comme je feuilletais mon *Figaro Madame*, deux semaines plus tard, je trouvais la réponse. Annick Lacroix avait écrit un article passionnant et enthousiaste sur un certain P. Drouot. Cet homme avait déjà effectué plus de trois mille plongées dans le passé. Scientifique, titulaire d'une maîtrise de physique, diplômé de Columbia University à New York, ce chercheur aux conférences multiples avait inventé à travers ses expériences personnelles, une technique pour remonter le temps.

La respiration et la relaxation en étaient la base. La journaliste, ayant fait le voyage, nous décrivait ses sensations, tout en terminant son article par ces mots : « c'est stupéfiant ».

Je tenais absolument à rencontrer cet homme pour lui narrer mon histoire. Avec lui, j'aurais, peut-être, la possibilité de remonter le temps. Pour moi, la réincarnation ne faisait aucun doute. J'espérais, à travers certaines de mes vies, apprendre et découvrir mes erreurs. Je rêvais (sans aucune appréhension) de voyager sur son divan des siècles ou des millénaires en arrière. L'époque des vacances de neige arrivait, mais je décidais de lui écrire poste restante, de tenter ma chance. Je pensais bien ne pas être la seule dans ce cas, mais rien ne m'aurait arrêtée. Je partis donc en vacances une dizaine de jours, et quelle ne fut pas ma surprise de trouver à mon retour, au milieu de la pile de courrier qui m'attendait, une réponse positive à ma demande et un numéro de téléphone où je pouvais le joindre. La date était fixée, je n'avais plus qu'à attendre. Le rendez-vous avait été pris pour un début d'après-midi. Seule au volant de ma voiture j'essayais de rester calme, de ne pas penser. Malgré l'élan qui me poussait vers une nouvelle découverte, mon esprit ne pouvait s'empêcher de vagabonder. Arrivée cinq minutes avant l'heure fixée, j'allumai une cigarette histoire de me calmer un peu. Maintenant il fallait y aller. Prenant l'ascenseur qui me conduisit au cinquième étage d'un immeuble moderne, j'arrivai et sonnai à la porte. Avec un sourire accueillant on me pria d'entrer. Le maître des lieux m'installa dans le salon. Il arborait une volumineuse chevelure blanche. Assise sur le canapé, je jetai un regard furtif sur la pièce. Une petite console, des casques, des micros étaient placés à côté du canapé. Des piles de cassettes emplissaient une étagère. Une énorme bibliothèque débordait de bouquins. Quelques photos étaient dispersées sur la table du salon. Elles représentaient des corps humains, des ombres, et sur ces ombres des points de lumière étaient comme posés par endroits. J'appris plus tard qu'il s'agissait de Chakras.

Pendant environ un quart d'heure j'expliquais à Monsieur Drouot mon envie subite d'apprendre, de comprendre, de savoir. Notre petite discussion terminée, mon premier voyage allait commencer. J'ôtai mes chaussures et m'allongeai à sa demande sur le canapé. Il posa une couverture sur moi, pour que je n'aie pas froid, un oreiller sous ma tête, et enfin un casque sur mes oreilles.

Assis derrière moi, il me demanda de fermer les yeux, de prendre trois ou quatre respirations profondes pour relaxer mon corps.

« Derrière vos yeux clos, je voudrais que vous perceviez une sensation de calme, de tranquillité, de paix. Vos deux pieds se relaxent, s'endorment ! » Il poursuivait tranquillement la description de mon corps, mes avant-bras, mes mains, pour finir par le crâne, le visage, la mâchoire. Je connaissais déjà la technique, pour la pratiquer le soir avant de m'endormir. Dans ce genre de relaxation, le corps s'endort mais l'esprit reste toujours en éveil. Sa façon de parler sur un rythme linéaire, la répétition et la formulation des phrases vous obligent inconsciemment à tomber dans un état second. Une lourdeur, étrange, emplissait mon corps. J'avais l'impression de peser trois tonnes, et pour finir, de faire partie intégrante du sofa. La musique commença à envahir ma tête. Une voix monocorde m'ordonna de visionner un pré au printemps. Je me voyais marcher au milieu des champs pleins de pommiers en fleur ; le soleil étincelait sur la robe blanche que je portais, puis j'étais allongée dans l'herbe, le soleil me chauffait. Avec mes respirations, qui avaient repris une cadence normale, calme, étendue sur le canapé, j'arrivais à sentir l'odeur de l'herbe fraîche. Alors la voix fit flotter au-dessus de moi une bulle de lumière, qui, petit à petit, allait envelopper mon corps ; présente dans le pré et sur le sofa, je me sentais voler, j'étais tout à coup d'une légèreté incroyable. Toujours mêlée à la musique, la voix monocorde se fit de plus en plus pressante. Je m'enfonçais à toute allure dans un tunnel noir. Je sentais mon corps tomber dans un trou à une vitesse vertigineuse ; la sensation du vide était très oppressante. J'arrivais à la fin du tunnel, quand la voix dit :

— Je vais vous demander de visionner les pieds, ces pieds du passé ; rien d'autre, que les pieds ; je voudrais que vous vous mettiez à l'écoute des vibrations, de la première impression qui vous vient à l'esprit ; vous êtes chaussée ou pieds nus ? Laissez les choses se faire. Cela peut être une vision, un sentiment ; la première impression qui vient à l'esprit : chaussée ou pieds nus ?

Je voyais des pieds nus.

— Alors je voudrais que mentalement, vous, cet être aux pieds nus, vous entouriez de vos bras ce torse et je voudrais que vous le serriez très fort, serrez le aussi fort que vous le pouvez, voilà, de manière à dégager ce torse des brumes du passé et que vous réalisiez si c'est un torse mince, fort, gros, musclé. Comment est-il ce torse ?

Plongée dans mon voyage, je serrais très fort ce corps, tout en ne bougeant pas le petit doigt du canapé. Je répondis : « mince ».

— Ah ! Il est mince, alors je voudrais que mentalement vous promeniez une de vos mains et que vous le palpiez pour sentir si c'est un corps d'homme ou s'il a une poitrine de femme. Homme ou femme ?

Je m'exécutai mentalement et découvris mon corps par le toucher :

— Homme, répondis-je.

La musique me faisait planer et la voix ne cessait de poser des questions.

— Bon, c'est un homme, mince ; alors vous, cet homme, vous allez, toujours mentalement, promener ces mains d'homme dans vos cheveux d'homme, et vous allez les sentir, les palper, les ébouriffer ; oui, sentez les cheveux, réalisez s'ils sont longs, mi-longs ou courts.

— Mi-longs.

Sur son ordre, je continuais à palper mes cheveux pour sentir s'ils étaient frisés, bouclés, ondulés ou tout simplement raides. Ils étaient ondulés au toucher et châtain.

— Maintenant, je voudrais que vous partiez à la reconnaissance de votre visage ; palpez le front, le nez, les joues et la mâchoire ; je voudrais que vous réalisiez s'il y a des poils de barbe.

Une barbe paraissait sous mes doigts. Je cherchais à la définir, la sentir. Cette barbe était longue. Je commençais à deviner un homme mince, barbu, cheveux mi-longs. A la demande de la voix, je joignis mes mains comme pour une prière, en les serrant aussi fort que possible, cherchant de toutes mes forces les énergies dans ces mains, dans ces avant-bras. Poussée par le son, il fallait que je pénètre en moi-même, que je ne fuie pas ce corps mais au contraire que mon esprit s'y installe ; que je plonge à l'intérieur de cet homme mince, aux pieds nus et dont les mains priaient. Je devais définir si les mains étaient nues ou avec des bagues ou des gants. Je découvrais des mains fines mais abîmées ; la couleur de la peau n'était ni cuivrée ni noir, elle était claire. Il était certain que je me posais des questions sur mes mains, mais immédiatement la voix me disait que la réponse allait venir seule à la conscience. D'après la forme de mes mains je me sentais dans la force de l'âge. Je m'enfonçais davantage dans cet homme, flottant sur la musique. Je voyais les images, sentais la peau, les cheveux. Il fallait découvrir maintenant ce que je portais : cuir, peau de bête, étoffe ou armure, que sais-je ? La sensation de l'étoffe arrivait dans mes doigts ; une étoffe assez fine. Je laissais mes mains se promener sur mon corps. Des minutes, je suppose, s'écoulaient entre chaque réponse. La robe que je portais était écrue avec un lien à la taille. Je m'étais donc découvert en homme, mince, barbe, châtain, en pleine force de l'âge, habillé d'une robe écrue, serrée à la taille, mais où étais-je ? Il fallait planter le décor. Explorer l'intérieur et l'extérieur. Mais la vibration du dehors vint à moi. J'étais sur un chemin de cailloux, je marchais. La voix m'indiqua qu'elle allait compter jusqu'à trois, pour qu'à partir de ce moment, le corps de maintenant ressente exactement ce que moi, cet homme, je ressentais. Je marchais sur un chemin rocailleux, un sentier escarpé qui montait, le climat était sec. C'était un pays aride. Je ne voyais rien autour, aucune habitation, juste cette chaleur et mes pieds qui faisaient mal. Alors la voix me remit en marche, je devais vivre, vivre, vivre... Je sentais un poids sur mon épaule gauche, je portais quelque chose.

— Réalisez ce que vous portez ; est-ce que c'est lourd ? je ne crois pas que ce soit très lourd.

C'est vrai ce n'était pas très lourd. Mais étais-je seul, ou y avait-il des présences, des gens ? Immédiatement je sentis ma main droite réagir. Je tenais un enfant par la main. Je me concentrais aussitôt sur la vibration de l'enfant, et un sentiment d'amour monta en moi, je l'aimais. C'était un garçonnet d'environ une huitaine d'années. Je l'aimais. Nous marchions tous les deux, il faisait chaud, très chaud. La voix me poussait à ressentir de plus en plus de chaleur et à ressentir ce garçon. Le père et le fils. Puis nous partîmes pour un bon en avant d'une demi-heure, d'une heure ou de quelques heures. La voix me poussait dans le temps, en comptant, telle une machine. Systématiquement, la voix me replongeait dans cet homme, dans ce corps. Où étais-je, y avait-il encore l'enfant, y avait-il des constructions, des maisons ?

Toujours plus haut, le paysage représentait une sorte de plateau verdoyant, cerné par de hautes montagnes, au bout duquel se nichait un village ou plutôt un hameau. Les petites maisons aux toits couverts de chaume étaient habitées. A mon grand étonnement je vis des hommes ressemblant plus à des guerriers qu'à des paysans. Ils étaient coiffés de larges toques de fourrure, la peau de bête qui leur servait de veste ou de gilet leur donnait une allure altière. Leurs visages burinés et emmitouflés me faisaient penser à la Mongolie ou au Kazakhstan. Ils me regardaient arriver vers eux sans chercher à m'agresser, mais je percevais une note de méfiance, de défiance même, près de jaillir à tout moment. Les images étaient claires et précises sous mes yeux clos, les couleurs, les ambiances, les odeurs, la température, tout était net ; j'étais cet homme et ressentais ses impressions. J'étais un voyageur de passage, les gens n'étaient pas amicaux à notre égard, plutôt hostiles. Je ressentais cette hostilité dans mon corps, allongée sur le canapé, toujours recouverte d'une couverture. Je voyais, j'avais des sensations, des visions, le film se déroulait sous mes paupières closes. J'entrais néanmoins dans le hameau sans le contourner, toujours en marchant avec cet enfant.

— Mais cet enfant, que ressent-il, cet enfant ? Est-ce qu'il réagit bien ? Ressentez-le, cet enfant.

Une immense fatigue me submerga. L'enfant était à bout de forces, il avait soif. Je ressentais de plus en plus cette soif, ma bouche était sèche. L'impression d'un manque de salive. Une hostilité toujours aussi forte nous entourait. J'essayais de trouver de l'eau. Aucune aide ne venait de ces gens, personne ne voulait nous donner de l'eau.

— Mais comment sont-ils ces gens ? Sont-ils de la même race que vous ? Ont-il la peau claire ?

Bien sûr qu'ils étaient comme moi. Je trouvais de l'eau un peu plus loin, au milieu des champs. Pas de culture, que des prés. Ce village, aux volets définitivement clos, me poussait à boire avec les animaux, des sortes de vaches.

— Où vous situez-vous, quel est ce pays, dans quelle contrée du monde êtes-vous ? Est-ce un pays méditerranéen, africain ? A quoi cela vous fait-il penser ?

Haut, je me sentais très haut, dans la montagne. Mais où allais-je ? Il fallait avancer encore dans le temps pour découvrir si j'étais un errant, ou si je me dirigeais vers un endroit précis. Peu importe le temps, un jour, deux jours, dix jours, quinze jours ; je me déplaçais dans le futur suivant le compte : un, deux, trois... Plongée dans cette sensation, je réalisai que j'étais maintenant dans une immense salle austère, les dalles du sol me refroidissaient les pieds. Je cherchais ce que pouvait être la décoration de cette salle, je la découvrais quasi nue. J'étais là, sur ce sol froid, assis sur mes talons. Je pouvais sentir des allées et venues dans mon dos. Je passais mes mains sur mon corps et je constatais que le même vêtement me couvrait ; l'enfant, lui, ne m'accompagnait plus, il n'était plus là.

— Mais il me semble que vous attendez ? Est-ce exact ?

Oui j'attendais !

— Et les personnes qui sont là, sont-ce des hommes, des femmes, ou peut-être les deux ?

Je ne voyais que des hommes portant le même genre de robe que la mienne. C'est seulement à ce moment que j'ai réalisé que j'étais dans un monastère, avec des moines. Mon esprit voyageait toujours seul et faisait ressentir à ce corps, allongé, toutes les impressions qui accompagnaient les images. Un grand calme flottait devant mes yeux, je percevais en moi la sensation qui s'accordait aux images. Le calme pénétrait le corps présent ; j'étais bien. Les questions continuaient à me plonger dans cette atmosphère, se répétant une fois, deux fois, trois fois, tout en me laissant le temps de découvrir et de naviguer à mon rythme, au milieu de ma vie. Cette vie-là, encore inconnue il y a quelques heures ! Les émotions, les vibrations, les lieux étaient tellement différents, mais si précis sous mes yeux, dans mon corps !

Dans cet endroit je me sentais chez moi, j'étais le même homme, j'étais un moine. J'avais légèrement avancé dans le temps, je me sentais un peu plus âgé. Je cherchais à découvrir maintenant quelle était cette vie, si j'avais une fonction particulière au sein de ce monastère. De nouveau, un, deux, trois, résonna à mes oreilles et la question suivit :

— Quelles étaient mes fonctions particulières dans cet endroit ?

La méditation était très présente. Je me plongeai à l'intérieur, au plus profond de cette méditation à la suite de l'homme assis en tailleur. Dans cette grande salle. Je fusionnai, je pénétrai alors dans le méditant ; je devins le méditant. Tout était au ralenti, calme, serein ; une douceur entrait à l'intérieur de moi. Puis soudain mon crâne est apparu rasé, en état de paix totale.

— S'agit-il d'une religion chrétienne, orientale, est-ce une religion du Moyen-Orient ?

Le monastère était très haut dans la montagne,

près du ciel. De là on pouvait assister à des levers et des couchers de soleil merveilleux. Des images que l'on imagine uniquement sur les cartes postales.

Vêtu d'une tunique ocre, crâne rasé, assis sur une sorte de plateforme naturelle, je dominais toute la chaîne de montagnes. Une brume matinale enveloppait le bas de la vallée. Une paix totale envahissait mon corps, mon esprit ; je baignais dans une sérénité absolue devant ce lever de soleil qui pointait à l'horizon. J'ai vu dans cette position méditative, plusieurs levers et couchers de soleil ; de l'endroit où j'étais placé, j'avais la sensation de toucher le ciel ; je méditais sur le toit du monde.

Mon corps, toujours allongé sur le canapé, flottait dans le bonheur et la sagesse. Je ne pouvais que profiter de ces images, m'y baigner sans vraiment les décrire. C'était trop intense, trop irréel, les mots ne me venaient pas ; les images, et la plénitude qui s'en dégageait, m'inspiraient le silence. Je vivais une vie contemplative, méditative. Après de longs instants de flottement, la voix me poussa encore en avant. Je marchais désormais au milieu d'un cortège d'hommes, un cortège religieux.

— Vous sentez-vous en harmonie avec vous-même ?

Tout mon corps baignait dans l'harmonie. Oui, j'étais bien, j'étais en parfaite harmonie, en merveilleuse paix, plein de sagesse et d'amour. Je respirais profondément, longuement, comme pour me pénétrer au maximum de ce bonheur, de la beauté de cette impression sacrée. Les minutes s'écoulaient, il fallait maintenant partir vers la fin de cette vie, vers ce dernier jour de mon existence, le dernier jour de ma vie.

— Un, deux, trois, ceci est le dernier jour de votre vie, je voudrais que vous réalisiez où vous vous trouvez, à l'intérieur ou à l'extérieur ?

J'étais à l'extérieur, mort, tombé à terre après une marche, une longue marche, sur une route caillouteuse. Il y avait d'autres moines, tous vêtus comme moi, de ces longues tuniques ocre, légèrement plissées sur l'épaule, crâne rasé, un bâton à la main. Tous ces moines étaient libres, effectuant des déplacements. Je revins quelques minutes en arrière afin de comprendre pour quelle raison j'étais mort sur cette route. Aucune douleur ne se faisait sentir, je ne souffrais nulle part, je marchais, je marchais.

Seul, le cortège de moines poursuivait son chemin. L'épuisement, tout simplement, avait eu raison de cette vie. J'étais tombé, là, sur le côté de ce sentier (j'étais mort comme j'avais vécu, sans faire de bruit).

Il fallait maintenant revenir sur mon canapé. La voix me demanda de revenir de l'autre côté, de flotter encore quelques instants. Je flottais dans un univers infini, je flottais dans un univers bleu foncé. Je me fondais à l'intérieur de ce bleu.

— Nous allons faire un lien entre la vie de ce moine et la vie du présent. Nous sommes dans un temps hors du temps ; là, je voudrais que vous fassiez un lien entre la vie de ce moine, la vie de cet homme et la vie de l'être du présent. J'aimerais que vous me disiez s'il y a un lien ?

La sensation qui nous réunissait, qui créait un état de communion entre nous, c'était la sensation d'AVANCER, l'absence de doute, la croyance à l'état pur.

Je voulais ramener cette paix, cette plénitude avec moi. La paix. Tout mon corps souriait à la paix ; la sagesse était en moi. Je flottais au milieu de celle-ci. Je me sentais respirer sans fin. Mais maintenant il fallait revenir à Paris, sur ce canapé, dans ma conscience normale, en rapportant avec moi toutes ces manifestations extraordinaires ; toutes ces images, ces lieux, ces montagnes, ces sentiers de cailloux qui montaient vers l'infini.

Dirigée par la voix qui, depuis le début, n'avait jamais changé de ton, je ramenais au fond de ce corps de femme la douceur, le calme, l'équilibre. La paix était désormais à l'intérieur de moi. Commençant doucement à définir ma position, mes pieds recouverts et ma tête délicatement posée sur un oreiller, j'hésitais encore à ouvrir les yeux, ne réalisant pas, ou pas très bien ce qui venait d'arriver. Il me fallut encore cinq à dix minutes pour être capable de délaisser tout ce que je venais de découvrir.

La séance avait duré environ une heure trente ou une heure quarante-cinq, je ne me souviens plus, car comment parler du temps dans des moments pareils ? Je passai encore quelques minutes à discuter, décrivant les visions toutes chaudes qui étaient là dans mes yeux, dans mon esprit, dans mon corps. Le plus difficile pour moi a été le retour à ma vie actuelle. Et pourtant, il fallait bien repartir, rentrer chez moi.

Mon plus gros choc a été de me retrouver dans la rue. Les voitures, les feux rouges, les gens.

Au volant de ma voiture, j'attendais, ne me décidant pas à démarrer. Il est vrai qu'à ce moment-là, le choc était très dur, dans le bon sens du terme. Pleine de paix, de silence, de méditation, tout ce qui m'entourait me paraissait invraisemblable. Il me fallut tout de même rentrer chez moi. Je ne me rappelle pas avoir déjà conduit aussi lentement dans ma vie. Je me sentais totalement hors du temps. La paix qui m'accompagnait ne correspondait en rien aux images qui m'entouraient. Je suis restée plusieurs jours noyée dans un rêve qui vivait et que je sentais à chaque instant sur ma peau. Malgré mon aptitude à la concentration, j'avais du mal à fixer mes pensées. J'étais obligée de faire des efforts incroyables pour coordonner celles-ci. Pourtant mon entraînement avait fait ses preuves. Mais, régulièrement, ces images revenaient, s'insinuaient en moi et secrètaient la même impression d'harmonie, aussi intense, aussi forte. A tel point que, même aujourd'hui, les mots me semblent bien fades, bien indigents comparés aux vibrations que je ressens tout au fond de moi, chaque fois que j'aborde le sujet. Après trois ou quatre jours tout redevint normal, ma vie quotidienne reprit son cours. Mais moi, Anny, j'avais changé, j'avais découvert ce que pouvait être la sérénité, l'équilibre. Aujourd'hui, peut-être ai-je acquis un peu plus de sagesse. Mais par-dessus tout, je peux trouver la paix n'importe où, n'importe quand, et surtout aussitôt que l'envie s'en fait ressentir. Ce moine tibétain que j'ai été il y a tant d'années a laissé des traces indélébiles. J'ai enfin trouvé les réponses aux questions que je me posais sur mon comportement présent. J'ai, par exemple, très souvent l'habitude, lors de dîners, d'être là physiquement, d'entendre la conversation, mais en même temps d'être complètement déconnectée, mon esprit étant parti ailleurs. Autre exemple : j'ai toujours su pratiquer les respirations du Yoga ; relaxer mon corps entier en commençant des doigts de pieds et en remontant jusqu'à la tête, à tel point que j'arrive à flotter dans l'air tout en voyant mon corps allongé sur le lit ; le plus extraordinaire est que jamais personne ne me l'a enseigné. Il est certain que ce monastère existe et qu'un jour je retrouverai ce lieu de méditation. Je l'espère de tout mon cœur et de toute mon âme.

On possède des souvenirs lointains, qu'on utilise machinalement sans chercher à comprendre d'où peut bien venir ce « SAVOIR » jamais appris. La mémoire des temps reste gravée pour l'éternité dans notre esprit. Certaines parcelles de nos expériences ressurgissent, sans que nous leurs accordions la moindre importance.

J'ai réalisé pour l'avoir vécu, qu'il y a dans chacun de nous un flot de connaissances qui risque de rester coincé à l'intérieur de nous.

Ce jour-là, j'ai seulement voulu soulever un petit coin du voile.

Deuxième vie antérieure : La femme de satin blanc et rose

Après avoir découvert avec surprise et bonheur ma vie de moine tibétain, je pris un deuxième rendez-vous. J'avais envie de savoir, de recommencer, de partir ailleurs, je ne sais où, et j'attendais avec impatience cet après-midi. En chemin, seule dans ma voiture, je m'aperçus que je n'étais pas comme la première fois ; d'abord parce que je connaissais mon interlocuteur, et surtout parce que mon esprit divaguait. J'essayais de rester calme, de ne pas me laisser aller. Après avoir garé ma voiture au bas de l'immeuble, je me précipitai sur le bouton de la sonnette. Patrick Drouot était au rendez-vous. Je le retrouvais souriant, calme, me posant un tas de questions sur mes réactions, mon comportement ; avais-je noté une différence ? Bien sûr ! Il y avait une grande différence même. Mais tandis qu'il parlait, je m'impatientais, je n'attendais qu'une chose : me déchausser, m'étendre sur ce canapé, la tête sur l'oreiller, recouverte d'une couverture et repartir au bout du tunnel. J'écoutais les quelques recommandations de rigueur mais je savais que j'étais un très bon « client »; j'ai l'art de me détendre très facilement si je le décide.

Le casque ornait maintenant ma tête, mes paupières étaient désormais closes. Je commençais à inspirer, à expirer très lentement, très profondément. La musique débuta, tout doucement. Le voyage allait repartir, avec pour seul correspondant Patrick Drouot, navigateur, vers cette nouvelle destination.

Très rapidement je plongeai dans le tunnel. La voix me parlait, me demandait de laisser les choses advenir ; ce pouvaient être des pensées, des visions, des sentiments, mais il fallait se pencher, se fixer sur les pieds.

— Comment sont ces pieds, nus ou chaussés ? Dites la première chose qui vous vient à l'esprit. Pieds nus ou chaussés ?

Ils étaient chaussés. Je sentais très nettement des chaussures.

— Je voudrais que vous vous fixiez là-dessus, sur ces chaussures que vous portez. Si vous avez un doute, je voudrais que vous frottiez une chaussure sur le sol, que vous tapiez là, par terre. Je voudrais que vous réalisiez si ce sont des bottes, des bottines, des sandales, des chaussons ? Qu'est-ce que c'est ? Est-ce quelque chose de défini, ou bien quelque chose d'informe ?

Je m'enfonçais à l'intérieur de moi-même, sentant la compression de mes doigts de pieds ; c'était des petites chaussures, de couleur claire.

— Mais, quand vous dites « petites chaussures », est-ce que cela veut dire des petits pieds ou des chaussures basses ?

Mes pieds étaient ceux d'une femme. Je pénétrais des vibrations féminines, plongeant davantage à la recherche de cette femme. Sous la direction de la voix, je partais à la découverte de mon corps, serrant de toutes mes forces, mentalement, ce buste, ce torse.

— Serrez-le ce torse, serrez, serrez, serrez, dégagez-le des brumes du passé. Réalisez s'il est mince, ou fort, ou plutôt épais ?

L'impression de mes bras autour de mes épaules me faisait découvrir un torse rond. Une poitrine de femme bien ronde se dessinait au toucher mental, sous ce parcours de mes mains. J'avançais beaucoup plus vite que la première fois, je n'avais, pour ainsi dire, pas à me déchirer pour découvrir cet être. Mon corps apparaissait au rythme des questions. Sans vraiment savoir si j'étais moi-même ou cette femme, je palpais les cheveux, les ébouriffait, je les sentais glisser sous mes doigts.

— Réalisez s'ils sont longs, mi-longs, ou courts.

Mes cheveux blonds descendaient en dessous des épaules. Ils avaient été soigneusement frisés.

— Partons maintenant à la découverte de votre visage. Comment le sentez-vous ce visage ? Plutôt rond, les pommettes saillantes ?

Mon visage était fin au toucher, les pommettes saillantes ; faisant glisser la main sur la nuque, j'y découvrais une chaîne. Ni pierre, ni bois. Du métal. Approfondissant ma recherche, je découvrais que la chaîne présentait au bout de mes doigts un métal précieux, doré. Un pendentif était accroché à cette chaîne. Mon corps inerte sur le canapé, laissait mon esprit voyager, libre comme une trotteuse de montre d'avancer imperturbablement au rythme du temps. Une seconde me suffit pour analyser le pendentif ; il était en forme de larme. Pas simplement une pierre, c'était rouge et serti.

— Je voudrais que vous soyez attentive maintenant à la vibration. A la vibration de cet ornement, à cet ornement rouge qui a la forme d'une larme. Voilà ! Là.

Cette voix qui vous vient d'un autre monde, avec ces effets d'écho, vous guide et vous suit pas à pas ! Sentant la moindre hésitation, débloquant la moindre gêne, elle vous aide à surmonter la difficulté, à trouver l'image ou la matière de ce qui vous intéresse. C'est comme si vous aviez les deux visions en même temps.

Le pendentif en forme de larme n'avait pas de signification particulière pour moi, mais c'était un pendentif précieux.

Je joignais maintenant mes mains l'une contre l'autre comme pour prier. Je pressais mes mains, serrais, serrais, serrais. Je descendais chercher les énergies de ce corps. Analysant mes mains, je les découvrais couvertes d'ornements, de bagues. J'avais des bagues aux deux mains, une peau blanche et des mains très soignées.

— Je vais vous poser une question curieuse, mais la réponse va venir de votre subconscient. D'après la forme de vos mains, d'après ce que vous avez ressenti, dans quelle période vous situez-vous ?

Une femme, jeune, émergeait de mes sensations. Une femme vêtue d'une robe en satin blanc et rose. Le pilote du voyage cherchait à approfondir l'époque, la forme du vêtement, la longueur et le volume de la robe. Bercée par les sons, sans même réfléchir, je laissais les images arriver comme des poussées. Si vous ne les voyez pas, alors vous définissez un volume. Votre corps allongé sur le canapé perçoit les formes qui vous enserrent. Et c'est à travers lui, à travers la façon que vous avez de vous mouvoir, que les réponses viennent directement à votre bouche. Et, en même temps que la personne qui vous guide, vous découvrez alors quelqu'un que vous avez oublié, mais que, pourtant, vous avez été.

Je découvrais cette femme dans une pièce, accompagnée de plusieurs autres, des servantes, il me semble. Je suis debout dans une chambre où la gaieté flotte. Je ris, je m'amuse avec ces femmes. Je suis là dans cette pièce, ma situation est aisée et les problèmes quotidiens n'ont vraiment pas l'air de me préoccuper. C'est une espèce de gaieté insouciante qui prédomine à cet instant.

Ce qui est extraordinaire dans cette expérience, c'est de vous trouver dans une situation de bien-être comme celle-ci. Par exemple, je me revois très bien rire et sourire, la tête sur l'oreiller, rien qu'en sentant, en découvrant et en revivant, l'instant dans cette chambre. Mes sensations présentes et passées étaient identiques, en complète harmonie. Dans ces moments-là, Patrick Drouot vous laisse flotter sur un nuage le temps de profiter de cette tranche de vie.

Avançant de quelques heures dans mon voyage, je partis à la recherche d'autres renseignements afin de définir quel serait le prochain lieu de ma future vision car je sentais confusément qu'il me fallait sortir de cet endroit pour découvrir la suite de cette destinée.

— Un, deux, trois, voilà, sentez votre corps ! Où vous trouvez-vous, là ? Y a-t-il du monde avec vous ? Sentez si vous êtes seule, ou s'il y a une présence.

Je suis assise dans une sorte de calèche et je sens très nettement une présence à côté de moi. « Branchée » sur cette présence, je découvre un homme, portant chapeau. Cherchant à trouver le lien qu'il y a entre nous et si ce lien est quelque chose de particulier, je ressens très nettement que cet homme m'aime. Il est là, m'embrassant les mains, il a l'air fou amoureux.

— Mais vous, est-ce que vous l'aimez ?

La réponse m'arrive nette et brutale : je m'amuse ! Je me sens très amusée par cette situation. Je me fais courtiser avec un plaisir rare. Je continue à sourire sur mon canapé.

— Mais où allez-vous ? Nous allons chercher à savoir où vous allez.

Un, deux, trois. Je suis à une réception, très à l'aise et très fière au milieu de tous ces gens. L'homme qui m'accompagne n'est ni mon amant ni mon mari, mais simplement un soupirant. Moi je m'amuse et lui soupire. Je cherche les vibrations de l'endroit pendant quelques instants. Il faut découvrir ce que je fais, de quoi je vis.

Un, deux, trois. Me voilà projetée encore en

avant. A l'extérieur d'un palais, dans un jardin, où les couples se promènent.

L'escalier monumental du château me fait plus penser à un petit Versailles qu'à un château féodal. Nous sommes au XIXe siècle. Je suis seule au milieu de ce parc, regardant autour de moi. Je m'ennuie. A partir de ce moment-là je vais plonger dans l'ennui, la solitude. C'est indéfinissable et inimaginable, mais pourtant je suis là, sur ce canapé, me sentant subitement seule, oppressée, mal, triste, incroyablement isolée et triste.

— Qu'est-ce que la vibration de la solitude provoque en vous ? Est-ce qu'elle engendre de la tristesse ? Un vide ? Est-ce que c'est quelque chose que vous aimez, que vous appréciez ?

Non, je hais cette sensation, elle me rappelle tellement celle que je croise de temps à autre aujourd'hui. Toujours aussi mal sur ce canapé, une envie de pleurer me venait, mais mes yeux, malgré tout, restaient secs. En continuant à approfondir, je découvris que j'étais chez moi, dans mon parc. Le lieu était toujours le même, quelque part en France. Partant à la recherche d'autres événements susceptibles de m'aider à comprendre cette existence, je continuais à m'enfoncer dans les méandres de cette vie.

— Un, deux, trois. Allons dans un événement important. Réalisez votre corps, sentez-le ! Alors, où êtes-vous là ? Suivez la vibration de votre corps !

Une image m'arriva. J'étais dans une salle à manger, assise devant une longue table. Le dîner battait son plein, les convives parlaient, riaient.

J'avais vraiment la sensation d'être la spectatrice d'une scène de théâtre. Du bout de la table je regardais tout cela d'un air détaché, tous ces « amis » m'indifféraient, m'ennuyaient. A priori je n'étais intéressée par rien, c'était tout bêtement une résolution de ma part, curieux non ? Et plus je regardais et plus je me sentais seule. Il n'y avait ni mari ni amant. Uniquement la solitude, cette solitude pesante, inexpliquée, que je ressentais et qui me faisait mal, très mal.

— Vivez-la, cette solitude, et dites-moi ce que cela engendre dans votre corps présent ? Y a-t-il comme une sensation de tristesse, de calme ? Etes-vous oppressée ? Comment vous sentez-vous ?

Percevant cette oppression qui se faisait de plus en plus grande, je réalisais que j'étais en manque d'affection, en manque d'amour. Juste le vide, un vide immense.

Continuant mon voyage, je me retrouvais dans les quatre ou cinq dernières années de ma vie. Je devais avoir maintenant une soixantaine d'années. Malgré le temps et les années écoulées, je ressentais toujours cette solitude, mais maintenant elle était devenue complètement insupportable. Ma gorge était serrée, j'avais beaucoup de mal à déglutir.

— Voulez-vous dire que cette femme que vous êtes a vécu sans amour, est-ce quelque chose qui vous a manqué, et qui vous manque encore ?

Oui, c'était très net pour moi. L'amour m'avait énormément manqué.

Je partais à présent vers le dernier jour de cette

vie aisée, dans une belle maison, au XIXe siècle. Je me retrouvais assise, devant ma coiffeuse, dans ma chambre.

— Je vais compter, jusqu'à trois, et vous allez vous regarder dans la glace. Un, deux, trois, comment vous sentez-vous ?

J'en ai assez ! Assez de ce type de vie. Je me regarde. Mes cheveux gris lâchés sur mes épaules, la tête posée dans les mains, je me regarde, je détaille cette femme si seule, qui ne vit que pour porter le fardeau de sa solitude.

Les derniers instants de cette vie continuent à défiler sous mes yeux. Je suis couchée sur mon lit en chien de fusil, je suis seule, sans personne. J'ai volontairement choisi de mourir seule, comme j'avais vécu. Seul le suicide pouvait arrêter cette souffrance, ce déchirement intérieur, dû à une absence de partage. Sur la coiffeuse étaient posées des petites fioles. Un dernier coup d'œil à mon visage triste et j'avalai sans hésiter tout le liquide de chacune d'entre elles. Voilà, le poison aura eu raison de cet être qui a préféré arrêter là son calvaire. Je m'étais donc donnée volontairement la mort. Le temps était venu maintenant de quitter ce corps pour repartir de l'autre côté. Patrick Drouot percevait très bien le malaise qui m'envahissait ; il ne me laissa pas très longtemps dans cet état d'angoisse. Un, deux, trois. Je regardais ce corps, plié sur le lit, désormais sorti de son enveloppe, et commençais à monter vers un royaume de lumière.

— Nous allons maintenant aller dans un temps hors du temps. Un endroit qui existe partout et nulle part. Nous allons faire un pont entre la vie du présent et la vie de cette femme. Un, deux, trois. Nous sommes là, dans le temps hors du temps. Maintenant, faisons un lien entre la femme du présent et la femme qui vient de mourir. Alors, ouvrez votre conscience et essayez de me dire s'il y a un lien entre ces deux femmes ?

— Il y a un lien c'est la solitude !

— Les Yogis disent que la sagesse efface le Karma. Peut-être est-il temps de passer à un autre état de conscience. En valeur absolue, la solitude n'existe pas. Y a-t-il quelque chose que la femme du passé dont vous percevez encore les vibrations puisse communiquer à l'être du présent. Y a-t-il quelque chose qu'elle désire communiquer à l'être du présent ?

— Il ne faut pas s'enfermer, il faut s'ouvrir ! Voilà les quelques mots du message.

— Cette phrase, il ne faut pas s'enfermer, il faut s'ouvrir, est une clef. Alors cette clef, vous allez la ramener avec vous dans l'être du présent. Je vais compter jusqu'à trois et vous allez revenir dans l'être du présent. Mais vous resterez encore quelque temps dans cet état particulier d'éveil. Un, deux, trois. Nous sommes revenus à Paris, en 1988. Encore une fois, les Yogis disent que la sagesse efface les influences du passé. A partir du moment où vous ouvrez votre conscience à d'autres réalités, d'autres vérités, vous vous débarrassez de certaines influences du passé. Dans cette vie, vous avez été une femme seule, une femme sans amour, et peut-être dans la vie d'aujourd'hui ce vide vous vient-il de là. A partir de maintenant vous allez quitter cela, vous allez vous débarrasser du passé et redevenir libre. Vous allez vous libérer, vous détacher du passé, et être libre dans votre présent. Libre, libre, libre. A partir de ce moment, vous allez sentir de grandes sensations de calme, d'harmonie et d'équilibre. Vous allez sentir de puissantes sensations de calme, d'enthousiasme, d'énergie, à la fois consciemment et inconsciemment.

Comme à l'habitude, avec assurance et très lentement, Patrick Drouot me ramena dans le temps présent, à l'endroit où j'étais, sur le canapé, suivant un rythme assez lent, afin de ne rien brusquer dans mon esprit et dans mes réactions. Mes yeux s'ouvrirent lentement, me faisant redécouvrir ce salon dans la pénombre. Je restai quelques minutes allongée, le temps de reprendre mes esprits, le temps de réaliser ce que je venais de vivre. Malgré mes efforts, un poids restait sur mon estomac, une sensation étrange de perte, d'errance, de malaise. Nous nous mîmes à discuter. J'essayais de faire comprendre cette solitude si dure à vivre et que je connaissais encore aujourd'hui, par moments, certains jours. Le voyage était terminé, je rentrai chez moi. Je savais maintenant d'où me venait cette envie de me cacher loin du monde, de prendre plaisir à m'enfermer dans mes murs, de me sentir tellement isolée des autres.

A la vérité, j'ai passé plusieurs jours délicats, avant de me remettre de ce voyage. Je me sentais déprimée, mal dans ma peau. Mais ce qui est amusant c'est de constater à quelle vitesse cette vie s'est dissipée en moi. Autant le moine reste présent et me guide vers mon évolution, autant cette femme a été chassée de moi-même. La seule chose que je tire de tout cela, c'est que, peut-être grâce à elle, j'ai envie de communiquer avec ceux qui m'entourent. J'ai un énorme regain d'amour pour autrui. De là me vient cette envie de livrer une partie de mes secrets les plus intenses et les plus chargés d'émotion.

Souvenirs d'Akhenaton, la cité du soleil

Ville magique construite au bord du Nil, ces grandes avenues propres et claires embellies çà et là par des espaces de verdure au beau milieu du désert, quelle beauté !

Magnifique, le grand palais, avec ses couleurs d'or en fusion dans le soleil couchant. Majestueuse, la maison du Roi, pas très loin du grand temple d'Aton. La foule est bigarrée et nombreuse en ce jour de l'an neuf du règne d'Akhénaton. Pas loin de cinquante mille âmes peuplent la nouvelle capitale, fille du soleil protégée entre toutes.

Devant le palais, j'aperçois Mâhou, le chef de la police. Il est fièrement juché sur son char aux reflets d'or et son regard sévère fait trembler le bon peuple.

Je prenais souvent plaisir à jouer du sistre, instrument dont la sonorité me ravissait. Je me livrais à ces expériences musicales, de préférence vers la fin de l'après-midi, lorsque la chaleur étouffante tombait un peu. Mes yeux ne se lassaient jamais de contempler les merveilleux jardins qui entouraient le palais au centre de la ville. De temps à autre, je passais quelques heures dans ce que j'avais tendrement surnommé : « ma maison aux oiseaux ». C'était ma demeure ou plutôt mon « jardin secret », où j'aimais consacrer du temps à soigner, regarder et écouter chanter mes petits amis ailés. J'aimais encore visiter le quartier sud où, déjà, j'étais irrésistiblement attirée, fascinée par le travail des sculpteurs.

Je me souviens aussi de Méryrê, le grand prêtre, qui veillait jalousement à la bonne marche des affaires et qui, sous les colonnades, adressait avec déférence quelques mots à ma sœur Makétaton.

J'aurais éternellement gravé en moi le souvenir de mon père accomplissant la grande offrande à Aton. L'instant était grandiose, magique, partout résonnait la musique, les chants sacrés, partout régnait la danse. Nous vivions tous dans le respect de Maât, car respecter la règle divine c'était assurer la prospérité de tous.

La promenade de chaque jour sur le chemin du grand temple m'enchantait. J'étais debout sur le char royal auprès de mon père et de ma mère et combien de fois les ai-je vu s'embrasser tendrement, leur deux têtes comme soudées par les rayons puissants du soleil. La foule se pressait sur le passage du char et semblait partager notre bonheur familial.

J'ai encore le souvenir de Aÿ et des colliers d'or que mon père lui avait offert pour le récompenser de ses bons et loyaux services. Il parcourait la ville sur son char de parade, plus fier qu'un paon, heureux de montrer au peuple qu'il était aimé et apprécié de Pharaon.

J'étais enivrée par les parfums subtils qui flottaient sur les dîners royaux et par toutes ces femmes si belles, leur corps drapé de lin et éclairé de parures d'or fin, qui riaient, accompagnées de musique, de chant et de danse. C'est une sensation de bonheur immortel que j'éprouvais en ces lieux. Comment oublier la tendresse de mon père quand nous jouions ensemble dans les jardins du palais. Comment ne plus ressentir la douleur causée par la mort de ma sœur Makétaton, en l'an quatorze du règne d'Akhénaton. Je revois encore l'immense peine de Pharaon, les pleurs de ma mère ; je ressens encore ce monstrueux chagrin qui étreignait mon âme. Et cette longue procession vers le tombeau familial dans la montagne couleur pourpre, au nord-est de la ville si ma mémoire est bonne. Combien furent pénibles ces moments à jamais gravés dans mon cœur.

Et par-dessus tout, ce qui domine dans tout cela, c'est l'or distribué à profusion par le soleil qui baigne le paysage d'une lumière divine. Comment ne pas s'extasier devant la beauté du grand Nil bleu frayant son chemin à travers les terres rouge et ocre. Jamais je n'oublierai ces images, jamais je n'oublierai cette vie, jamais je n'oublierai enfin le visage éternel de ma mère dont la beauté hautaine reste à jamais fixée par les mains du sculpteur de l'antique Egypte.

C'est mon Kâ qui me guide, c'est cette énergie cosmique qui m'habite pour l'éternité.

MÉRITATON.

Premier rebirth ou renaissance : La machine à remonter le temps

Je fis mon premier « rebirth » chez moi, à la campagne, après avoir pris un cours de danse. J'allais remonter jusqu'à ma naissance ou, du moins, commencer à nettoyer mon corps de tous ses traumatismes. Je m'installai dans ma salle de bains ; les rayons du soleil inondaient la pièce. J. me demanda de prendre une couverture, une bougie et de l'encens. J'étais à la fois très excitée et très attentive. J. commença à me poser des questions sur ma mère, mon père, ma vie, mes relations avec les gens. Après que j'eus répondu le plus honnêtement possible, elle m'expliqua que, quoi qu'il puisse se passer, je devais toujours penser à respirer. Je connaissais déjà la plupart de ces recommandations que j'avais lues dans le livre de Sandra Ray. Mais il est vrai que la respiration permet d'atténuer considérablement tous les maux dont vous pouvez souffrir. Je me couchai sur le sol, allongée sur ma couette. J'étais là, seule, prête à partir pour mon premier grand voyage. Il suffisait pour cela que je m'imagine, portée par une rivière, dont le courant m'entraînait jusqu'à l'océan. J. me dit d'une voix douce et sereine :

— Sur les bords de la rivière, peut-être verras-tu des scènes, des gens et des situations ; surtout et même si tu en as envie, reste spectatrice, continue à te laisser porter par le courant. Quoi que tu sentes laisse faire ta respiration. Lorsque tu inspires, emmagasine tout l'univers, et toutes les forces à l'intérieur de toi. Lorsque tu expires, rejette tout ce qui est négatif, tout ce qu'il y a de pollué en toi.

Je commençai donc à respirer sur un rythme régulier. Mon buste se gonflait, se remplissait d'une masse d'air que je n'aurais imaginé pouvoir contenir. Quelques minutes après, je commençais à sentir d'étranges picotements qui engendraient une douleur extrêmement violente. J'avais mal aux mains et aux jambes. Mes avants-bras étaient tétanisés. Respirant par le nez j'eus la sensation d'avoir une barre sur le front. Pourtant je continuais, sachant que la respiration était le seul remède aux douleurs. Descendant ma rivière, je suivais le fil de l'eau, coincée dans une bulle de lumière. Malgré mes efforts j'avais beaucoup de mal à distinguer la rive. Les picotements s'accentuaient et les crampes envahissaient mes mains ; je sentais mon visage se durcir et mes lèvres rétrécir. J'essayais de remuer mes doigts afin d'éviter la paralysie totale de mes mains et de mes avant-bras. Puis tout à coup, à ma droite, j'aperçus un groupe de personnes dansant autour d'un feu. Ils étaient vêtus comme au Moyen Age. Les femmes portaient des coiffes très hautes auxquelles étaient attaché du tulle qui s'envolait au rythme de leurs pas. Ils semblaient tous extrêmement gais et heureux. Un très beau château se découpait au loin, majestueux. Les crampes continuaient à me faire souffrir, et je me réfugiais dans ma bulle de lumière qui voguait au fil de l'eau. Sur ma gauche, j'aperçus une sorte de donjon en flammes. Je dérivais vers le noir. Respirant à un rythme accéléré, ma poitrine se gonfla d'air. Les picotements étaient devenus moins intenses et, instinctivement, je commençais à me replier pour prendre la position fœtale. Chacune de mes expirations s'accompagnait d'un râle profond. J. ramena délicatement la couette sur moi. Je me trouvais alors dans un liquide opaque, de couleur blanchâtre. Je bougeais très lentement dans ce liquide laiteux. Puis au loin, j'aperçus un point noir qui se précipitait vers moi. Soudain, deux points de lumière noire me saisirent la tête comme une pince ; la pince se fit étau et enserrait si violemment mes tempes qu'elle m'arracha un cri de douleur. Mes mains se décrispaient un peu et les picotements commençaient à s'atténuer. Je ressentis à ce moment un besoin intense de me déplier. Je coulais mes bras au-dessus de ma tête, je rampais sur le sol comme pour sortir d'un trou très étroit, passant d'abord la tête, puis le cou, le buste, le bassin et enfin les jambes. Ma position avait changé, j'étais maintenant allongée à nouveau sur le sol. Ma respiration, bien que plus profonde, s'était faite moins rapide. Je continuais, obéissante, à suivre les instructions de J. Elle posa sa main sur le haut de ma poitrine, là où se trouve le quatrième chakra. Je me précipitais sur sa main, sur son bras. Puis, je saisis ses jambes ; j'avais un besoin intense de la toucher. Je recherchais de l'amour, de la douceur. Les larmes inondaient mon visage. D'un geste lent, elle essuyait mes yeux avec la paume de sa main. L'émotion était intense. La douceur de sa peau et la chaleur de son corps me faisaient un bien fou et me rassuraient ; j'étais comme un bébé heureux de découvrir la vie.

Ensuite, je me suis coulée dans une pyramide de lumière, flottant, allongée. Seuls des rayons flamboyants semblaient me soutenir. A chaque respiration, mon corps se chargeait progressivement d'énergie. C'est alors que je distinguai, émergeant au-dessus de moi, un homme, mi-ermite mi-moine, en position de méditation. Il me souriait. Je le regardai et décidai d'essayer de le rejoindre. En position allongée, les paumes tournées vers le ciel, je me sentais attirée de plus en plus vers le haut. Les picotements se faisaient plus intenses, je montais de plus en plus vite dans le ciel, je volais parmi les anges, tout n'était qu'amour. Je pouvais presque les toucher. A vrai dire, je les effleurais. Et chaque effleurement m'emplissait d'amour, de douceur et de sérénité. Je respirais et respirais encore, toujours plus profondément, planant dans un univers magique. En cherchant à m'élever de plus en plus, j'arrivais à une immense porte en bois travaillé. Je m'approchais et découvrais un motif gravé, représentant une déesse hindoue. J. avait déclenché une cassette de musique qui se mêlait étrangement à ma respiration. Ce curieux mélange de sons concourait à me faire flotter davantage. Mes jambes se replièrent en position de lotus, je débloquai mes articulations et mon bassin qui me faisaient souffrir. Puis mes mains se mirent à faire des gestes ressemblant à une danse, devant cette déesse spectatrice. Je me vis en méditation dans une grande salle, assise à côté de mon gourou (enfin je suppose que c'était mon gourou). Je me mis à prier, appelant Dieu de toutes mes forces. Mes respirations se firent plus longues. Mes lèvres avaient retrouvé leur élasticité, ainsi que mon visage. Mes mains se dirigèrent vers ma tête pour la débloquer et descendirent vers mon cou ; je me mis à tirer doucement sur mon cou, le tournant de droite à gauche comme pour me faire grandir. Puis, dans un mouvement circulaire, j'enveloppai mon corps de toutes ces énergies pour les stabiliser, les stocker à l'intérieur de celui-ci. Mes mains, complètement détendues, parcouraient agilement chaque partie de mon être, mon visage, mes jambes, mes pieds, afin qu'aucune de ces forces, qui me procuraient tant de sérénité, ne s'échappe. Ma respiration avait ralenti. Je venais de connaître mon premier « rebirth ». En ouvrant les yeux, je me retrouvai allongée sur ma couette, dans ma salle de bains, J. à mes côtés.

Deuxième rebirth

J'attendais avec impatience ma seconde séance de « rebirth ». Comme précédemment nous nous installâmes J. et moi dans la salle de bains. Elle commença par me poser des questions, faites de phrases courtes que je devais répéter en y ajoutant la première réponse qui me venait à l'esprit ; sans réfléchir. Il est très difficile d'aborder ce qu'il y a de négatif en soi. Il est normal que les traumatismes ne nous paraissent pas évident au premier abord puisque nous vivons avec eux depuis des années, sans même nous en apercevoir. En fait tous les traumatismes ont pour origine la façon dont nous sommes nés ; dans la joie, dans le stress, dans les cris, comment était le docteur qui vous a fait naître, etc.

Toutes ces petites questions auxquelles, à priori, nous ne pouvons pas répondre, ont une importance prépondérante pour le reste de notre évolution. Puis vient le problème de l'éducation, avec tout ce que cela comporte, mais ça, c'est un autre sujet.

Après avoir répondu deux fois au questionnaire,

je me rendis compte que j'avais des difficultés à communiquer avec les autres. Je me concentrais sur ma respiration, m'en servant comme d'un exutoire, afin de fuir cette réalité. Ma respiration était profonde, et mon rythme était bon. A la grande différence de la première fois, je ne ressentais aucune douleur, aucun picotement dans les mains ou dans les pieds. Pensant que la machine était enrayée, je me posai sur l'eau, me laissant porter, me concentrant plus que jamais sur ma respiration, plus longue, plus profonde, et c'est alors que je ressentis des douleurs épouvantables à la tête. Mes tempes et mon front étaient comme pris dans un étau. Par instinct, mon corps commença à prendre la position fœtale ; je respirais toujours, je respirais toujours, je respirais encore. J. posa ses mains sur mon front, délicatement, essayant de m'aider. Ma tête se mit à tourner de gauche à droite, comme pour pousser ce qui me gênait.

Tandis que je mettais mes mains sur mes tempes, mon corps, à partir de mon cou, commençait à se déplier doucement. Mes mains cherchaient un contact humain ; j'attrapais les mains de J. que je caressais doucement, les larmes coulaient sur mes joues. Un immense besoin d'amour, de caresses, de partage, montait en moi. Je ne sentais que de l'amour et j'avais un énorme besoin de partager la pureté et la profonde émotion qui me submergeaient. Plus je pleurais, noyée dans cet élan incontrôlable, et plus j'avais besoin que l'on me dise : « je t'aime. » Entre deux respirations et deux sanglots, je demandais à J. de me dire qu'elle m'aimait (en tout bien tout honneur), ce qu'elle fit aussitôt. Elle embrassa mes mains, j'étais débordée par tous ses sentiments. Je me mis à prier pour tout cet amour qui m'était donné, tout en respirant plus profondément. Puis, ressentant une présence indéfinissable au-dessus de moi, j'enveloppai le vide dans mes bras. Ce moment de partage invisible me rappela ces moments précieux passés en compagnie de Monsieur Guinebert. Après avoir reposé mes bras sur le sol, je distinguai un halo de lumière au-dessus de mon corps allongé. Cette force et cet amour flottant me pénétrèrent, puis disparurent. Je ressentis un autre désir d'amour immense, quelques larmes de bonheur supplémentaires coulèrent sur mes joues. Je ralentis mes respirations et restai quelques minutes ainsi avant d'ouvrir les yeux. Il me fut assez difficile de raconter à J. tout ce que j'avais ressenti. A la différence de mon premier « rebirth », au lieu de m'élever, j'avais eu la sensation de descendre au plus profond de moi.

Aha-men-ptah. Mémoire d'Atlantide

Vous allez vous dire : « Ça y est, c'est reparti, que va-t-elle encore pouvoir nous raconter ? » Je vous rassure, vous avez tout à fait raison de vous poser la question. Je l'ai fait moi-même, un jour de septembre 1990, lorsque le docteur S. m'annonça que j'avais occupé, dans une autre vie, il y a bien longtemps, le poste de médium d'Etat, attaché au grand conseil de l'Atlantide. Etonnant ! non ?

Et pourtant, chaque mot de notre conversation réveilla en moi de lointains souvenirs embrumés, confus, mais néanmoins bien présents à mon esprit. Quoi qu'il en soit de leur caractère surprenant, les voici tels quels.

Médium d'Etat, quel curieux métier ! Nous étions plusieurs, tous des hommes (enfin ! la rumeur pourra s'appuyer sur quelque chose). Notre mission était d'éclairer le grand conseil dans ses choix politiques, au sens le plus large du terme. Nous travaillions en collaboration avec des prêtres, des mathématiciens, des astronomes, des philosophes, enfin, tout ce que le territoire comptait en matière de sagesse, de science et d'érudition.

Je suis né un peu après la naissance d'« Ousir », fils de « Geb ». J'ai vécu toute mon enfance au beau milieu des dignitaires du palais royal dont ma famille faisait partie. Très vite, apparurent chez moi des facultés de vision, de prémonition, hors du commun. Je reçus donc un enseignement destiné à mettre en valeur ces pouvoirs. Adolescent, j'assistais de temps en temps au grand conseil présidé par le « Maître » d'Ahâ-men-ptah et par le grand pontife, chef du collège des grands prêtres. Je me souviens très bien de ce grand conseil où, exceptionnellement, le « Maître » prit la parole afin d'expliquer aux dignitaires la gravité de la situation. Nombre de provinces ne reconnaissaient plus le pouvoir central et rejetaient toutes les valeurs morales et spirituelles défendues par celui-ci. Tout n'était qu'individualisme, égoïsme forcené, vol, assassinat ; tout n'était qu'une inexorable détérioration de la société.

Vous avouerez, en lisant ces lignes, que cette situation décrite presque dix mille ans avant Jésus-Christ, n'est pas sans rappeler les errances et la confusion de notre monde d'aujourd'hui.

Le « Maître » annonça solennellement que si la situation continuait à se dégrader ainsi, Dieu en prendrait ombrage et châtierait sans merci les coupables habitants de Ahâ-men-ptah. Nombreux furent ceux, parmi les dignitaires, qui s'indignèrent et qui demandèrent plus d'explications, plus de précisions. Le grand pontife prit la parole à son tour en indiquant qu'il était pour le moins présomptueux de demander des « éclaircissements » à Dieu. Le brouhaha s'amplifiant, le « Maître » reprit la parole et annonça en martelant ses mots : « La fin de notre monde, c'est-à-dire la disparition d'Ahâ-men-ptah se produira inéluctablement. Il nous faut donc préparer l'avenir, organiser le grand exode qui sauvera ceux qui auront gardé foi en Dieu, afin de fonder, d'instaurer un nouveau royaume de liberté et de tolérance. Je compte sur vous et sur la haute sagesse qui, je n'en doute pas, vous anime pour que cette mission puisse s'accomplir le jour venu. »

Je fus très ému par le caractère pathétique de cette déclaration même si celle-ci n'évoquait rien de nouveau pour moi car depuis ma plus tendre enfance j'étais de ceux qui avaient été choisi pour mener à bien cette mission, préparer la construction d'un nouveau monde, en tant que guide médiumique.

Je me souviens encore du départ d'« Ousir », fils cadet de « Geb », qui devait devenir « Sit le rebelle ». Je revois le visage de « Nekbeth » petite sœur d'« Ousir », avec qui je travaillais souvent ; elle possédait, elle-même, de réels dons de médium et avait, de par sa filiation, une énorme influence auprès du « Maître ».

Les années s'écoulaient à un rythme qui paraissait s'accélérer de plus en plus. « Ousir » succéda à son père et devint « Maître » à son tour. Il restait alors treize années avant l'ultime jour.

Les choses allaient de plus en plus mal dans les provinces et la révolte, conduite par « Sit », se faisait chaque jour plus pressante. Il avait juré la perte de sa famille et son seul objectif était l'accession au trône.

Pendant ce temps, nous étions occupés aux préparatifs, longs et complexes, d'un exode unique dans l'histoire universelle. Tous les savants de la capitale s'attelaient à la tâche. Construire une immense flotte destinée à transporter des millions d'individus, prévoir l'intendance, prévoir l'itinéraire ; tout cela paraissait impossible.

Puis vint le dernier jour d'Ahâ-men-ptah. Le déchaînement des éléments naturels se conjugua aux horreurs de la guerre. Combien d'habitants périrent ce jour-là ? Impossible à dire. La seule certitude est que nous fûmes peu à prendre pied sur les côtes de l'Afrique Occidentale, qui n'étaient pourtant pas très éloignées.

Pendant vingt-quatre heures, ce ne fut que tremblements de terre, éruptions volcaniques dantesques, raz de marée épouvantables. Nombre de bateaux coulèrent, trop lourdement chargés ou sous l'action d'une nature en furie.

Au début de ce fameux jour, la lumière était comme maudite. Pas de soleil, juste une clarté lugubre, de couleur rougeâtre. L'eau, le ciel, la terre étaient couleur de sang. Quand nous fûmes loin des côtes, des nuées ardentes s'élevèrent très haut dans le ciel et certains d'entre nous virent au loin les montagnes s'abîmer dans les flots. D'un coup, le soleil accéléra sa course et se coucha quelques instants plus tard à l'horizon. La nuit apparut alors et les étoiles défilèrent à une vitesse inimaginable dans le ciel. Nous étions tous complètement affolés et chacun priait Dieu de toute son âme. Tout à coup, la lune apparut à son tour et traversa le ciel au-dessus de nos têtes, comme un éclair, pour disparaître à l'horizon. Alors, la nuit s'installa, sereine, et les éléments semblèrent se calmer petit à petit. Tout cela n'avait pas duré plus de quelques minutes.

Nous abordâmes miraculeusement cette partie de la côte d'Afrique qui deviendrait bien plus tard la Mauritanie.

Les survivants chanceux et protégés que nous étions avaient plus que jamais une mission à remplir. Celle de construire un nouveau monde de croyance et de tolérance, une nouvelle patrie à la gloire de Dieu, « une terre promise » qui porterait le nom : d'« Ath-ka-ptah ».

Cette terre d'Ath-ka-ptah qui deviendra plus tard, bien plus tard, la glorieuse terre d'Egypte.

La mission que Dieu nous avait donné à remplir, nous prit des siècles et des siècles, des millénaires même. Une très longue marche pleine de péripéties et de voyages pour atteindre enfin la vallée du Nil.

Sculpture. Le voyage au centre de la Terre

Une fabuleuse page de ma vie venait de se tourner. L'Olympia terminé, je me posais toutes les questions possibles. Que vas-tu faire maintenant ? As-tu eu tort ? As-tu eu raison ? Oui, il est vrai que ces questions m'ont traversé l'esprit et je mentirais si je prétendais le contraire. Il est toujours difficile de sauter le pas, tout entre en jeu : la peur, le doute, les interrogations, et surtout l'angoisse de l'avenir. Mais il faut avoir le courage et la volonté de passer par-dessus tout cela, en se disant que, quoi qu'il arrive, la vie est ouverte devant soi. Il n'y a pas d'âge pour tenter une nouvelle aventure, pour se remettre en cause, pour se dire qu'un livre fermé appelle toujours soit une suite, soit un nouveau livre. Je pense sincèrement que dans ces moments-là il faut fuir toutes les angoisses et avoir confiance dans le destin. La fin d'une époque ne veut pas dire la fin d'une vie ; mais tout simplement le début d'une autre qui sera tout aussi enrichissante, et qui comblera d'autres lacunes.

Pour en revenir à mon histoire, j'avais remarqué

depuis quelques mois une attirance pour la sculpture. Tous mes intimes ne cessaient de me parler de l'énergie que je dégageais lorsque j'abordais le sujet ; c'était, selon eux, invraisemblable. Il est vrai que mes mains brûlaient à chaque fois que j'évoquais la terre. Cet étrange phénomène me surprenait toujours plus.

— Mais enfin, c'est vraiment bizarre que cette sensation me prenne aux tripes à chaque instant.

Une matinée, n'y tenant plus, poussée par les encouragements d'une amie fidèle, je franchis le pas. Après tout pourquoi pas ! Il fallait essayer. Nous voilà donc toutes deux parties, direction Paris. Saint-Germain, quartier des artistes, cachait dans une petite rue la boutique miracle où je devais trouver tout ce dont j'avais besoin. Entrant dans ce fourre-tout de l'art, nous ne savions où arrêter notre regard. Fusains, sanguines, crayons, papier Kraft, cartons à dessins, chevalets, et dans un recoin une sellette ; c'était la bonne adresse. N'y connaissant pas grand-chose, soyons franche, n'y connaissant strictement rien, le plus simple et le plus judicieux était de demander conseil.

Un vendeur, un peu surpris par nos questions, ouvrit quatre ou cinq immenses tiroirs emplis de merveilles. Spatules, mirettes de différentes sortes, ébauchoirs aux extrémités aplaties, à dents, arrondies, ébauchoirs appelés talons, etc. Il me fallait encore un pain de terre, des livres ; la panoplie du parfait artiste débutant mais qui a tout ce qu'il lui faut pour travailler. Le retour à la maison se déroula aux milieux des fous rires, l'arrière de la voiture ressemblant à un étal du marché aux puces. Notre rire ne cessait de grandir. Mais qu'allais-je donc faire de tout cela ? Arrivées à bon port, nous déchargeâmes tous les achats, excitées comme des enfants devant leur premier train électrique. Un sac plastique rempli de vingt-cinq kilos de terre était là devant moi ! Prenant mon courage à deux mains, je plantai la lame du couteau et entamai, pour la première fois, un pain de terre grise (zut, j'avais oublier d'acheter le fil à couper le beurre !). Enfin, voilà, tout était prêt.

Les battements de mon cœur avaient accéléré. Un bloc de terre d'une vingtaine de kilos me faisait face. Hésitante, les mains légèrement moites, je touchais pour la première fois de l'argile. L'impression était douce. Mes doigts glissaient doucement, montant, descendant, caressant une matière qui ne me semblait pas complètement inconnue. Au bout de quelques minutes, après avoir malaxé, tapé, tout en cherchant à comprendre le sens de la marche, je choisis pour modèle un Bouddha. La forme du crâne commençait à apparaître ; plaçant les yeux et le nez, je donnais naissance lentement à une sorte de visage. Mais plus je cherchais à me rapprocher du modèle, plus je m'en éloignais. Je décidai donc de laisser partir mes mains à l'aventure au gré de l'inspiration. Le nez était maintenant à peu près terminé. Un être était, à travers mes mains, en train de surgir. Un fabuleux bonheur emplissait mon cœur : comment était-il possible que je fasse un visage, encore imparfait, mais qui dégageait beaucoup de sagesse et de sérénité ? Et qui en plus de cela ressemblait à Monsieur Guinebert !

Pendant plusieurs jours j'ai travaillé à ce visage, avant de penser à une autre sculpture. Cette fois je changerais de terre, et prendrais de la terre rouge. J'avais une idée précise : je voulais faire une femme sortant de l'eau. Comme vous pouvez en juger, je n'avais pas choisi quelque chose de simple ! J'aurais pu faire un petit chat ou une pomme. Non ! Mon idée était claire, et l'image bien ancrée dans ma tête.

Telle une experte, je coupai donc ma terre (toujours sans fil), et me lançai à corps perdu dans cette nouvelle création. Il est déconcertant de constater combien c'est agréable d'être seule avec la terre, deux heures, trois heures, dans le silence, quand les mains, uniquement, travaillent. C'est presque une méditation, le silence prime et seul le cœur ou l'âme doit parler. C'est à partir de ce jour que j'ai réalisé que les idées, mêmes bonnes, sont insuffisantes sans un minimum de savoir et de technique pour les mettre en œuvre.

J'édifiai donc le corps et imposai à la tête un léger mouvement en arrière, car cette nymphette avait les cheveux longs. Les proportions du buste me paraissaient bonnes, les seins pommelés, pointus et tendus vers le haut évoquant plus un attentat à la pudeur que sœur Marie-Louise sortant du couvent ! Puis j'attaquai le visage. Le lendemain, mes doigts touchèrent minutieusement la terre, qui avait légèrement durci pendant la nuit. Les trois premières pressions furent fatales, une légère fente commença d'apparaître à la base du cou. L'angoisse qui m'étreignait devint de plus en plus forte. Arc-boutée, prenant des positions invraisemblables, je poursuivis avec assiduité le dessin de l'œil, bourrant de terre la crevasse qui commençait à se former, de plus en plus grande et de plus en plus profonde. Sans me décourager mais néanmoins très tendue, je remplis à nouveau d'argile la crevasse du cou et stoppai la sculpture pour la journée. J'étais persuadée que la nuit ferait son travail, et que le jour suivant tout serait recollé. (A mon grand regret, je n'avais pas encore découvert les bienfaits du tuteur, et de la barbotine).

Au réveil, je me précipitai vers ma sculpture. Dissimulée sous son plastique, Nymphette n'avait pas encore vu le jour. Je n'imaginais pas la surprise qui m'attendait ! Je commençais à la démailloter, quand, soudain, mon sang quitta mon corps. Elle était décapitée ! Quelle horreur !

Apparemment, la soudure n'avait pas pris. J'en aurais pleuré. Il y avait sûrement une solution. (Mais je ne la connaissais pas encore). Bon, puisqu'il en était ainsi, je dessinerais son visage à part. La petite boule de terre dans mes mains, doucement, prenait forme. Une pression à droite, une pression à gauche, le galbe du visage se dessinait. Tout en modelant la terre, mon esprit cherchait, comment fixer la tête au corps. Je m'en voulais d'avoir choisi une position aussi compliquée. Si par exemple je plantais un morceau de bois entre le corps et la tête ? Non, le fil de fer serait mieux approprié car je pourrais le courber, afin de conserver le mouvement en arrière, si indispensable à mes yeux. Sitôt dit, sitôt fait ! Devenue subitement bricoleuse, munie d'une pince et d'un marteau, je courbais la matière tel un maréchal ferrant sur son enclume. Il fallait maintenant procéder à l'opération, et sans anesthésie. J'enfonçais délicatement le métal dans la tête, puis le tout dans le cou. Merveille ! L'assemblage tenait, la position était bonne. Pourtant, rien n'allait plus ! Ma nymphette était passée entre les mains des indigènes Jivaros ! Sa tête avait rétréci ; les proportions étaient différentes, « l'œuvre » ressemblait maintenant à une Raquel Welch à qui on aurait greffé la tête de Shirley Temple. C'est dans ces moments-là qu'il faut avoir un moral d'acier, pour ne pas, d'un seul coup de poing, faire dégringoler tout l'échafaudage. Je reconnais qu'une grande inspiration et un peu de méditation sont les meilleurs des remèdes dans une situation pareille. Une demi-heure plus tard, j'attaquais le corps pour le réduire. J'avais la sensation d'être une fourmi bataillant avec une mie de pain : trois p'tits pas à droite, trois p'tits à gauche pour finir par tourner en rond. Ses épaules de lutteur rétrécissaient à vue d'œil, j'affinais le buste mais les seins restaient malgré tout toujours aussi aguichants. Le corps avait repris une taille normale et l'équilibre me semblait bon. Il fallait maintenant faire jaillir le tout de la mer. Pour cela, une plaque de terre sur laquelle je souderais mon corps allait parfaire le tout. Taillant dans mon pain de terre, je découpais comme un boucher qui prépare ses beefs dans un morceau de rumsteak. Je posais les plaques sur la sellette, les soudais pour former un rectangle parfait. Creusant le centre, j'y glissais ma Nymphette. Quelle merveille ! Ça marchait ! Sans perdre une seconde, je m'occupais de la coiffure tellement attendue. Prenant quelques morceaux de terre à même le sac, je collais avec beaucoup de précautions la masse de terre sur la tête. A peine posée, devinez ce qu'il se passa ? Non, ne riez pas, ce n'est pas drôle ! Maintenant que je l'écris, cela paraît évident, mais à ce moment-là, j'étais désespérée, ou plutôt très énervée. Le cou, oui, le cou était encore fendu. Le poids de la volumineuse chevelure avait eu raison de ma soudure. Bon, dans ces cas là, il ne faut pas être plus royaliste que le roi, tant pis pour elle, « Nymphette » aurait les cheveux courts. Son apparence devenait subitement très africaine, ses petits crans lui donnaient soudain un charisme différent. Dans ces conditions peut être qu'un collier cacherait définitivement ce cou qui me prenait la tête, c'est le moins que l'on puisse dire. Les jours passèrent, la terre séchait doucement. Il faut savoir qu'en séchant il y a un phénomène qui se produit ; l'eau s'évaporant, la terre se rétracte. Tout cela pour dire que je n'étais pas vraiment satisfaite, et qu'une seule chose m'importait maintenant, trouver la personne qui m'expliquerait le moyen d'éviter une telle situation. Pendant ce temps ma vie « active » continuait. J'entamais une aventure avec la télévision, ayant signé un contrat pour présenter plusieurs shows de variétés. Ce qui m'amena à donner de nombreuses interviews. A l'occasion de l'une d'elles, je fis part de mes difficultés dans l'apprentissage de la sculpture. Je restai néanmoins très évasive sur ce sujet car j'étais là pour parler d'autre chose. La vie est pourtant ainsi faite que ce petit message : « Je manque de technique » n'est pas resté lettre morte pour tout le monde. Trois ou quatre jours après cette interview, le destin se manifestait à nouveau.

J'ai par habitude, tous les matins, de jouer à cache cache avec le facteur qui ne passe jamais à la même heure, et vient de plus en plus tard. J'allais donc voir si les nouvelles du jour étaient bonnes, lorsque je découvris non pas le courrier, mais une grosse enveloppe blanche sur laquelle était inscrit :

« *PERSONNEL E. V.* »

Curieuse, je plongeai la main dans la boîte aux lettres afin de me saisir du paquet, que je décachetais en hâte telle une gamine attendant ses résultats d'examen. Quelle ne fut pas ma surprise quand je trouvai un livre dont le titre en disait long : Un même destin, de vies « DE LA SCULPTURE A L'ATLANTIDE ». Je l'examinais comme si il recélait un trésor, et il y en avait un puisqu'un petit mot sympathique l'accompagnait : « *J'ai lu que vous commenciez à toucher à la glaise et que vous aviez des difficultés techniques. Au bout de treize ans de sculpture on connaît pas mal de " trucs " sur la terre. Avant de repartir en Egypte, je dispose de quelques heures pour vous offrir des conseils techniques. Voici ma carte et mon téléphone, merci de me dire rapidement si vous souhaitez mon appréciation ou mon simple avis sur vos œuvres.* » J'étais folle de joie à la pensée de connaître les secrets qui m'avaient tellement manqué quelques jours auparavant. Quand au terme employé concernant mes sculptures, nous étions bien loin de ce que l'on pourrait appeler une œuvre. C'est ainsi qu'un beau matin du mois de mars Nicole Buisson est entrée dans ma vie. Dans le quart d'heure qui suivait le rendez-vous était pris, pour le lendemain en début d'après-midi. Je piaffais de plaisir et de trac à l'idée de montrer mon travail à une experte. Cette femme avait l'air passionnante à écouter. Je me retrouvais dans la situation d'une jeune débutante qui va passer sa première audition. Franchement, avouez que la vie est bizarre et, surtout, pleine d'inattendus. Ma nuit fut plutôt agitée. J'eus beaucoup de mal à patienter jusqu'au lendemain. A quatorze heures trente, le ding dong de la porte retentit. Plouc, fidèle à son habitude, se précipita vers le portail, hurlant comme un loup enragé, malgré mes appels au calme. Dans ces moments-là, je suis sidérée de voir combien mon autorité est faible. Une Mercedes fit son entrée. J'allais accueillir l'avenir. Une femme brune, aux yeux noirs, sortit du véhicule, souriante. Je la rassurai sur le comportement de mon chien, en espérant qu'il ne me démentirait pas. Il faut bien reconnaître que malgré ses hurlements de fou furieux, mon brave Plouc, dit « le colonel », était d'un naturel plutôt sympa. Installées, dans la maison j'offris un café, à la jeune femme, curieuse d'en savoir plus sur notre étrange rencontre.

Je la remerciai tout d'abord du temps qu'elle voulait bien me consacrer, et me taisai pour l'écouter parler de son art. Il suffisait de la voir, les yeux brillant de malice, il suffisait de sentir l'énergie qui était à l'intérieur d'elle, pour comprendre à quel point sa passion venait d'un passé lointain. Sa rencontre avec la terre avait d'étranges similitudes avec la mienne. Je lui fis part de mes déboires avec la glaise. Elle en sourit, elle ne pouvait que me comprendre ; elle avait déjà connu cette situation.

Après avoir regardé attentivement mon travail, elle accepta de m'aider, en toute amitié. Quelques croquis sur une page blanche, et je commençais à découvrir les secrets de l'artiste. Nicole me dévoilait, à une vitesse incroyable, des années de travail, des années de patience, m'expliquant qu'une simple bulle d'air dans votre terre peut en un instant, au moment de la mise au four, ruiner des heures et des heures de travail. Tout en buvant ses paroles, je remerciais le ciel d'avoir mis sur ma route une femme pareille. Son livre me laissait pantoise, tout était magnifique. Les œuvres, les bas-reliefs, les visages étaient tous d'une pureté surprenante. Un rendez-vous fut pris pour le lendemain. Ma vie est ainsi faite ; je tombe toujours sur des gens hors du commun. Il faut, cependant, avouer que je les réclame, et dans mes prières et dans la vie de tous les jours. Je les appelle et, à un moment où à un autre, ils surgissent comme des météorites. En ce qui concerne Nicole ce serait plutôt l'étoile du berger. J'avais disposé toute mon installation dans une chambre. Tissu au sol, sellette, terre, vieux journaux, plastique, tuteurs, tout était près pour le grand jour. La sonnette retentit, avec le folklore habituel des chiens. J'étais fin prête pour la grande aventure. En quelques secondes Nicole avait revêtu une tunique. Je ne vous dévoilerai pas les secrets de la mise en place, ils appartiennent au maître. Elle me parla beaucoup pendant que nous montions la terre. C'était décidé je voulais faire une tête de femme. J'ai toujours été fascinée par la création et là, en l'occurrence, je la vivais. Nous sommes restées deux heures à taper et à rajouter de la terre afin de donner l'équilibre. Puis d'un geste vif, elle me dessina un profil, un demi nez, une demi bouche, et un œil. « Voilà. Maintenant que tu sais monter la terre, tu dois, avant notre prochain rendez-vous, me faire l'autre côté. Tu as un exemple, fais-moi la même chose. » Ma tête était sur le point d'éclater. J'avais entendu tellement de mots nouveaux, vu tant de choses, que je me sentais comme une éponge dans une baignoire ; plus elle absorbe l'eau, plus elle en a à absorber. Après son départ je m'asseyai avec un mal au crâne épouvantable. Comment, faire la même chose ? Elle avait certainement voulu plaisanter ! Une bonne nuit de sommeil était indispensable pour me donner le temps de réviser la leçon énorme que je venais d'apprendre. Le lendemain matin j'étais à pied d'œuvre, remplissant les pleins, dessinant l'ovale, affinant le nez. Plus j'avançais et plus je me rapprochais de mon modèle. Les rendez-vous se succédèrent et plus nous avancions, plus le silence s'installait. Nous tournions autour de ce visage qui changeait au fur et à mesure des cours. Il était maintenant certain, pour elle comme pour moi, que, si nous étions là, aujourd'hui, sur cette tête, échangeant à travers nos mains, tant de choses, ce n'était pas un hasard. Nous revivions simplement une période de nos vies que nous avions déjà connue. Le bureau était devenu l'atelier dans lequel le maître que j'avais eu, des siècles auparavant, réouvrait une mémoire enfouie au fond de moi. Voilà pourquoi cette envie de toucher la terre était si grande, pourquoi un élan si fort venant du passé me faisait avancer sans me demander si j'en étais capable. Ce que je trouve encore plus fabuleux c'est de penser que c'est Nicole Buisson qui a réagi à ces mots : « Je manque de technique ». Un fil invisible avait à nouveau réuni nos deux vies et dans le même contexte, la même situation. Le travail nous a pris des heures et des heures. Nos deux signatures ont finalement encadré cette rencontre, mais surtout, de ce partage d'amour et de passion entre un sculpteur et son élève, est née « MNEMOSYNE », nom de la mémoire. Nos chemins se sont séparés, nos routes ont pris des directions différentes, mais qui sait ce que nous réserve l'avenir.

En attendant, en ce mois de mars 1990, le maître Kritios avait, à travers des millénaires, retrouvé un de ses élèves, Dioniphodorus, pour un nouveau rendez-vous. La Grèce antique et une partie de mon histoire avaient frappé à ma porte.

Le grand siècle

Le soleil se levait sur les temples d'Ephèse
Par une chaude journée du début de l'été
Le parfum odorant des arbres et des fleurs
Embaumait la maison à en perdre la tête
Pourtant tout était calme, tout semblait si serein
En ce jour lumineux du siècle de Périclès.
La vie était heureuse, tout n'était que beauté
Et les arts foisonnaient de créativité.
Dans une pièce claire, tout ouverte au soleil,
Dioniphodorus s'exerçait à façonner la terre.
Son visage était beau, son corps lui ressemblait
Car il était sculpté par la main de Kritios.
Sous ses mains douées de grâce, une tête prenait [forme
Et un nez aquilin naissait de la matière.
Le temps avait le temps et ne s'écoulait plus
Il était suspendu au bon plaisir des Dieux.
Même la nourriture chantait la création.
De belles grappes de raisin, aux gros grains bien [dorés,

Paraissaient, nonchalantes, couchées dans une vasque
Dont les reflets d'or pur jouaient avec le soleil.
Tout était si tranquille au royaume des statues,
Prêtresses de la beauté pour une éternité
Profiter du moment, profiter de l'instant,
Pour savourer pleinement toute la science de l'art.
Les servantes vaquaient à leurs occupations
Et le chant des oiseaux régnait sur les jardins.
L'harmonie, l'équilibre de cet instant de vie,
Tout prêtait à rêver au bonheur des hommes
La sculpture prenait forme sous les mains de l'artiste
Lentement, doucement elle commençait à naître
Et lorsque ses yeux vides contempleraient le monde
C'est pour l'éternité qu'elle le regarderait.
Statue de terre fragile, elle vivrait bien des siècles
A la gloire d'une beauté qui ne s'éteint jamais.
Il faisait si bon vivre au temps de la grandeur
Il faisait si bon vivre au temps de la splendeur
Que j'en rêve la nuit, protégée par la lune,
Et j'y pense toujours en caressant la terre.

Année 1989
Une année très particulière

L'année 1989 fût vraiment très riche en événement. Des rencontres avec des êtres hors du commun, et des phénomènes assez inexplicables (enfin, pour certains) s'enchaînèrent, sans même me laisser le temps de les assimiler.

C'est souvent par coïncidence que les choses se produisent, et, toujours au moment où vous ne cherchez rien. Une de mes amies m'avait parlé, lors d'un dîner, d'un docteur extraordinaire, possédant des facultés reconnues par beaucoup de gens. Mais son nom m'avait échappé ; j'avoue que, mon emploi du temps faisant, cela m'était sorti de la tête. Un jour, allant faire mes courses dans le coin, je me retrouvais chez un commerçant dont j'aime beaucoup la boutique. Elle me fait rêver. Derrière la caisse, la maman ne perd rien de tout ce qui se passe. Il y a de tout, on se retrouve subitement plongé en province. Les fromages, les superbes étalages de charcuterie, dans le fond lcs légumes du potager, et encore plus au fond, la cave avec ses bons petits vins de pays. On peut aussi bien trouver des tacos à la mexicaine que des produits Hédiard ; il y a de tout, jusqu'aux ampoules et aux serpillières. Une vraie fête ! Mais revenons à notre histoire. Discutant de choses et d'autres, il en vint à me raconter une histoire arrivée à sa famille, et me parla d'un certain docteur S. Ce nom me saisit immédiatement. Il s'agissait bien du même docteur, celui dont m'avait parlé mon amie, une semaine auparavant. Avouez qu'il y a tout de même des situations étranges. Si on m'en reparlait, c'est qu'il fallait que je le rencontre ! Je prenais donc rendez-vous avec lui au plus vite. Deux jours plus tard, je me retrouvais dans la salle d'attente d'une charmante maison aux environs de Paris. La porte s'ouvrit, un homme aux cheveux blancs me pria de bien vouloir entrer. Son calme et sa voix, à peine timbrée, la sagesse de son visage laissaient présager une rencontre importante. Je lui racontai mon histoire et il ne fut pas surpris d'apprendre la relation que j'entretenais avec Monsieur Guinebert. Il l'avait bien connu, avait travaillé avec lui sur de nombreuses recherches et louait aussi la grandeur de cet homme exceptionnel. Assis devant moi, il me dit d'un ton affirmatif :

— Vous êtes médium !

— Vous n'êtes pas le premier à me le dire, peut-être que oui !

— C'est une certitude, je vous le certifie !

Le silence régnait dans la pièce, pendant que son pendule tournait.

— Votre karma est fini et c'est la raison pour laquelle il y a tant de transformations dans votre vie.

Mais ce n'est qu'un début. Maintenant les choses vont aller très vite. Sachez qu'il n'y a que dix pour cent des médiums qui travaillent. Voilà pourquoi la tâche est si éprouvante.

Abordant mes recherches, je lui parlais de « ma vie » de moine tibétain. Pourquoi était-ce la première qui s'était présentée à mon esprit ?

Sûr de lui et toujours calme, le pendule, balançant de gauche à droite, suspendu au bout de sa main, il me dit :

— Votre vie de moine a une grande importance. Elle vous a permis de vous laver des existences antérieures. En Atlantide vous étiez un homme très haut placé dans le spiritisme, un médium d'Etat. Vous avez dû faire preuve d'orgueil. En Egypte vous étiez une prêtresse, vous chantiez beaucoup et cela explique la solidité et le timbre de votre voix aujourd'hui. Mais la vie monastique et la méditation sont restées gravées en vous parce que, justement, elles vous ont lavée.

Ces affirmations ne faisaient que confirmer les dires de P. Drouot qui m'avait plongé dans ces temps si lointains. Le puzzle trouvait petit à petit ses pièces manquantes, m'aidant à comprendre pourquoi ma vie avançait différemment. Le changement qui s'opérait en moi était de plus en plus rapide, sans que rien n'ait été prévu ni prémédité.

— Votre opération n'est pas due à un accident. Vous savez très bien que l'on a attenté à votre vie. Mais un travail important a été réalisé et, si vous vous en êtes sortie, c'est que vous avez une œuvre à accomplir. Patientez et les choses vont venir à vous : alors vous soutiendrez les autres, debout, jusqu'à un âge très avancé.

Après mon rendez-vous, j'ai essayé de clarifier toutes ces informations, de les mettre en ordre. En écrivant ces lignes aujourd'hui, je réalise que, petit à petit, ma route change, bifurque de plus en plus vers une ère différente qui apporte à la fois du rêve, beaucoup d'amour, et des résultats. C'est certainement s'exposer que d'oser l'écrire, mais c'est la seule possibilité que j'ai pour le moment. L'important est de commencer d'en parler car dans ce dialogue on trouve toujours une réponse et parfois on découvre « la lumière ».

L'important est d'y croire !

La danse a toujours fait partie intégrante de ma vie. Il suffit d'une musique rythmée pour qu'immédiatement mon corps entier se manifeste. L'envie de bouger devient insupportable, à tel point que, même un plateau à la main, je viens en dansant déposer les carottes rapées sur la table (que voulez-vous, on ne peut pas tout changer non plus).

La danse, c'est ma vie, depuis mon enfance. Douze années de classique, du moderne, des claquettes, du jazz, un peu de tout, mais surtout une immense joie à chaque instant. Et pendant toutes ces années, j'ai ignoré que, de temps à autre, je n'étais pas seule à mes cours.

Préparant l'Olympia, je m'étais replongée d'arrache-pied dans les cours de danse.

Le 11 mai 1989, date historique pour moi, j'allais comme d'habitude rejoindre J. pour mon cours de danse. Je commençais toujours par une mise en condition respiratoire et psychologique. Allongée sur le sol, je respirais profondément, obligeant ma colonne vertébrale et mes muscles à se détendre afin d'obtenir un dos complètement plat. Mais cette fois-là, légèrement crispée, je ne parvenais pas à me détendre entièrement. Je me sentais décalée, j'avais la sensation d'être « à côté de mes pompes ». Venaient ensuite des assouplissements pendant quinze minutes, pour terminer assise en tailleur devant la glace. Les yeux fixés sur nous-mêmes, personne ne troublait les conversations intérieures. Soudain des affirmations arrivèrent, précises : « Anny, je t'aime telle que tu es et je t'approuve complètement dans tout ce que tu es et dans tout ce que tu fais. »

Je m'étais accoutumée à mon reflet dans la glace, entouré de son aura. Ce faisceau de lumière, plus ou moins large, cernait complètement mon corps.

Debout devant la glace, je découvris, stupéfaite, une ombre sur ma gauche, dessinant très exactement ma position, telle une ombre portée sur un mur lorsque vous êtes au soleil. La grande différence était que celle-ci n'était que lumière. Une ombre de lumière plus blanche, plus brillante et plus éclatante que n'importe quel spot. Je clignai plusieurs fois des yeux, pensant que la fatigue de la veille était la cause de ma « vision ». Je fixai à nouveau la glace ; mon aura disparaissait puis réapparaissait, plus scintillante que jamais, ombre tenace. Deux fois, trois fois tel un lutin qui s'amuse. N'osant tenter d'expliquer l'inexplicable, je gardai pour moi cette aventure. Sur le chemin du retour, je cherchai tout de même à y voir clair. J'en arrivais à la conclusion que mon corps physique et mon corps astral étaient l'un derrière l'autre.

Ce qui expliquait peut-être cette difficulté à me détendre pendant les respirations. La méditation pratiquée deux fois par jour jouait certainement un rôle important dans cette étrange affaire. Enfin rentrée à la maison, je bondis sur le téléphone avec une certaine inquiétude, appelant qui de droit, afin de savoir si je devais immédiatement me jeter sur les vitamines, pour cause de surmenage.

La réponse tomba comme un couperet :

— Physiquement vous êtes en pleine forme mais émotionnellement vous avez dû être ébranlée. C'est ce qui vous a mis dans cet état de réceptivité totale et vous a permis de voir l'un de vos guides. Ne vous inquiétez pas, vous n'avez rien, tout va bien. Soyez heureuse. Votre guide a vécu au XVIe siècle ; il s'appelle Stanislas !

A dater de ce jour, lorsque je fais des entre-chats, je sais que je suis accompagnée.

Sachez que je ne suis pas seule dans ce cas ; vous avez tous vos guides, que vous rencontrerez certainement un jour d'une façon ou d'une autre. Commencez par les appeler avant de vous endormir, en leur demandant de vous aider dans vos démarches. Ils sont là pour vous faciliter les choses, pour vous protéger. Alors pourquoi ne pas le leur demander ?

Cette année-là le mois de juin était pour moi particulièrement important. Attendant le résultat d'une affaire de justice qui me tenait à cœur, je vivais la première quinzaine dans une grande nervosité. Le 18, vers dix-huit heures, le téléphone sonna. La conversation fut brève. Mes espoirs étaient déçus, il fallait tout recommencer. Assise sur le canapé du salon, hébétée, je voyais mes rêves partir en fumée. J'aurais dû pleurer, mais non, cette situation invraisemblable me poussait à rire, j'étais persuadée que, d'une façon ou d'une autre, il y aurait une justice. Ici ou ailleurs, il y a toujours une addition à payer.

Quelques coups de fil suffirent pour avertir mes intimes. Il ne fallait en aucun cas se laisser abattre, voilà pourquoi nous décidâmes Yves, un ami et moi, d'aller fêter ça au restaurant, afin d'effacer le malaise qui régnait dans la maison. Un dîner, ma foi, fort sympathique, dans une auberge, à vingt minutes de là. Nous avons tous trois bien mangé et bien bu, et nous sommes revenus tranquillement par l'autoroute, le toit de la voiture ouvert, le ciel était plein de grains de beauté ; les étoiles inondaient la nuit. A notre arrivée devant la maison, notre ami descendit pour ouvrir le portail ; la voiture rentra dans le jardin. Yves et moi sortîmes, lorsqu'un cri retentit : « Regardez ! il y a une croix dans le ciel ! » Nos regards se levèrent précipitamment, pour découvrir, par cette nuit étoilée, comme dessinée par Mathieu, devant la pleine lune : une croix ! Immense dans sa magnificence, elle trônait au-dessus de la maison.

Quelques secondes de silence s'ensuivirent. Tous les trois, au milieu du jardin, terrassés par la force de cette image, commentions la situation : « Ce n'est pas possible, il n'y aucun nuage, pas d'avion à l'horizon ! » Il fallait se rendre à l'évidence, la croix était là, juste au-dessus du toit de la maison, comme pour la protéger. Une minute avant il n'y avait rien, puisque durant notre retour nous avions constamment admiré la beauté du ciel. Vu la grandeur de cette croix, il était impossible de la manquer. Pendant une à deux minutes, nous sommes restés là, tous les trois, à nous remplir de la beauté et de la force de cet instant. Nous nous sentions bien petits devant l'immensité du tableau. Pour moi, c'était exactement comme si quelqu'un m'avait envoyé un message me disant : « Ne t'inquiète pas, je suis là et je veille. Dors tranquille, je te protège ! »

Il est vrai qu'une incroyable sensation de paix flottait dans l'air. Ce phénomène aurait pu se produire cinq minutes plus tôt et nous étions, encore, en voiture, ou cinq minutes plus tard et nous aurions été à l'intérieur de la maison. C'était donc un signe ! La puissance de cet instant dura à peu près trois ou quatre minutes, avant que se désagrège la croix, comme une étoile filante filmée au ralenti, laissant place à nouveau à une superbe nuit de pleine lune étoilée, un soir de printemps. Elle était donc venue, ce soir de déprime, pour une raison bien précise.

« Tu ne dois pas douter ! Surtout aujourd'hui. Ne doute pas ! Tu ne dois pas baisser les bras, rappelle-toi ! Prie. Remplis-toi d'énergie et regarde dans la paix ce qui se passe. »

Voilà la traduction de ce que j'ai ressenti. Cette image est gravée à jamais dans ma mémoire, et je me réjouis de ne pas avoir été seule à en profiter. Ce qui m'autorise aujourd'hui à vous la raconter sans aucune gêne, sans aucun complexe, c'est la certitude que lorsque l'on s'en donne la possibilité on peut voir par le cœur beaucoup plus loin que par les yeux.

Cette année pleine de rebondissements et d'expériences devait se terminer en apothéose, par l'Olympia. Le spectacle ayant toujours été la principale occupation de mes jours et de mes rêves, tout se passait à merveille. L'ambiance était au beau fixe (normal, la salle était bourrée tous les soirs). Assise sur le bord de la scène, j'écoutais, ravie, les musiciens répéter quelques-unes de ces chansons qui avaient baigné ma vie. Mon esprit vagabondait dans le temps, accompagné de la phrase qui revenait sans cesse : « je suis venue te dire que je m'en vais ».

Remontant simplement trois ans en arrière, je me revoyais à la maison, attendant impatiemment le retour d'Yves, en plantant mes dahlias. Pourquoi plantait-elle des dahlias, demanderez-vous ? Tout simplement parce qu'après une année sabbatique, il me paraissait plus facile de trouver un contrat dans les fleurs que dans les maisons de disques. C'est d'ailleurs à ce moment-là que j'ai réalisé que s'appeler Sheila ou Madame Brunvertrum ne changeait rien. Pour la petite histoire, je peux vous citer quelques exemples :

« Sheila, mais à son âge il est grand temps qu'elle s'arrête !! »

Ou alors :

« Oui peut-être, mais uniquement un 45 tours à l'essai. »

Ou encore :

« Il faut réfléchir. Pensez-vous qu'elle aura de la promotion télé ? » Au sujet de la télévision, il m'est arrivé de me sentir comme une vieille armoire dévorée par les termites d'un grenier, le jour où, pour une émission à 20 heures 30, on m'a tout simplement oubliée dans ma loge. Comme quoi, il est bon de temps à autre d'avoir des crises de star. Dans ces cas-là, les producteurs sont tous tellement angoissés à l'idée de ce qu'il pourrait arriver, qu'ils préfèrent rester devant la porte, en cas de fuite éperdue de l'invitée, pour migraine dévorante.

Dans ce genre de métier, la simplicité ne paie jamais. La preuve. Heureusement que mon ouïe fine a reconnu le générique de fin de l'émission, sinon j'y serais encore.

La musique résonnait toujours et une question s'imposait : « Es-tu sûre d'avoir bien fait d'annoncer que tu arrêtais ? » Puisque chaque soir était un véritable arrachement. Au fond je ne sais pas, un coup de tête, sûrement, un ras le bol. Une accumulation de faits de mauvaise foi, de méchanceté, d'irrespect m'empêchait alors de poursuivre mon but ; être près des gens, pour égayer ou distraire quelques minutes de leur vie.

Un artiste entretient souvent des rapports plus complexes avec lui-même qu'avec les autres. Arrive toujours le moment où vous vous posez des questions. (Les miennes sont venues sur le tard, c'est vrai, mais elles ont le mérite d'exister.)

Vous passez des années en équilibre sur un fil, vous balançant entre vos envies d'idéal, de perfection, et le bien-être d'une certaine réussite qui n'est plus basée aujourd'hui que sur votre entrée au Top 50. Vous avez toujours autour de vous les bons amis, qui passent leur temps à vous conseiller de ne rien changer, trop heureux de vous voir boire le vin jusqu'à la lie. Les autres (denrée rare) vous regardent, essaient de découvrir vos envies, vos sentiments, votre feeling, pour faire sortir de votre cœur ce que vous dissimulez. Comme vous pouvez le constater, ce n'est pas simple !

Il faut toujours un temps d'adaptation lorsque l'on change de route, et savoir compter sur ses amis ; on constate rapidement à quel point les rats quittent vite le navire. J'ai eu malgré tout la chance de rester la tête hors de l'eau et de trouver enfin ceux sur qui je pouvais compter, fidèles quelque soit le temps à leur amitié, ils ne changeront pas d'un iota.

Ce jour-là, le 15 octobre 1989, jour bénit et maudit de la dernière où tout bascule en vous, la matinée était passée à une vitesse folle. Je cherchais ce que je devais dire ou faire mais tout était confus, embrouillé ; la meilleure solution (enfin, la plus rassurante) était de ne rien changer à mes habitudes. Quelques vocalises suffirent à chauffer ma voix, quelques mouvements à la barre réveillèrent mon corps qui n'avait pas vraiment eu le temps de se refroidir, vu le peu de sommeil de la nuit précédente. Cependant avec l'expérience, on sait que l'accumulation de fatigue est ce qu'il y a de plus dangereux pour les muscles.

A mon arrivée boulevard des Capucines, j'aperçus une nuée de gens, un véritable essaim d'abeilles, qui bougeaient dans tous les coins. Rien ne laissait présumer ce qui nous attendait rue Caumartin. Tout était bouché. La rue, noire de monde, était littéralement bloquée par la foule et par un service d'ordre complètement débordé. Gorge sèche, je fus, en l'espace de deux secondes, projetée plus de vingt-cinq ans en arrière : Reims, Marseille, Toulouse, Lyon, la folie de mes débuts. Les fleurs pleuvaient, les gens hurlaient… Protégée par quelques gardes du corps, je me hissai rapidement sous le porche de l'entrée, cachant mon émotion derrière quelques plaisanteries sans aucun intérêt. Je passai rapidement dans ma loge avant de rejoindre sur scène toute l'équipe déjà au travail.

Assise là, enveloppée dans un châle, le temps était venu pour moi de faire une balance : c'est-à-dire l'équilibre des différents niveaux constitués par la voix et les instruments. Le contact d'une main sur l'épaule me fit sortir de mes pensées. Une étrange tension pouvait se lire dans les yeux de chacun ; musiciens, électro, régisseur, l'équipe entière semblait au paroxysme de l'excitation. Dix minutes, un quart d'heure suffirent amplement pour les derniers réglages. Réfugiée dans ma loge, innondée de fleurs, je pris le courrier et les messages comme d'habitude. Seulement voilà, à la lecture de la première lettre, enfin, après les trois premières lignes, une vague de larmes me submergea ; j'étais dans un tel état d'émotivité, que je fus dans l'impossibilité d'aller plus loin. Je devais me reprendre si je voulais être capable de finir la journée debout. Résignée, j'empilai tous ces témoignages d'affection pour m'en délecter plus tard. (Beaucoup plus tard).

Les minutes passaient à une vitesse folle. De temps à autre, une tête sympathique surgissait de derrière la porte pour un petit bonjour amical ou un gros bisou plein de tendresse et de compréhension. Soudain, un visage hilare vint m'apprendre que tout le monde ne pouvait pas entrer, tout était vendu, même les marches. Les hurlements et le martèlement des pieds résonnaient jusque dans ma loge. Maintenant il fallait y aller. Dans ces moments-là on se rend compte à quel point il est important de savoir respirer, pour être capable de contenir cet étrange mélange d'énergie, d'émotion, de fatigue qui s'abat sur vous et qu'il faut à tout prix maîtriser et pour éviter de passer ces dernières minutes, pliée en deux sur une cuvette de toilettes, à vomir ce que vous n'avez pas mangé. Même si tout cela s'apprend avec le temps, les sensations sont toujours aussi vives et affûtées en pareils instants. Pour ce dernier concert, les habitudes restèrent les mêmes, comme une petite routine de sécurité. Verre d'eau posé aux pieds du guitariste, thermo rempli du breuvage magique et chaud, contre les chats dans la gorge. Les pieds dans la résine, vieux réflexe de danseur pour éviter une glissade impromptue, un petit coucou aux musiciens ; derniers regards avant d'être plongée dans le noir, enveloppée d'un brouhaha digne des supporters de l'équipe de Marseille lors d'une coupe de France. Dans ces secondes-là, tout vibre, les murs, le plancher. A peine le temps de penser que tout risque de s'écrouler. L'accord de guitare donne le ton, et c'est parti : « Vous les copains, je ne vous oublierai jamais !... » Eblouie quelques secondes par toutes les lumières, une fois parti, plus rien ne peut stopper ce marathon de joie qui vous emporte. Replongée dans le décor et la musique des années 60, la salle debout chantait à tue-tête les refrains de nos seize ans. Ce qui est fascinant, c'est que même les gamins en connaissent les paroles : « Vous les copains, Jolie petite Sheila, Première surprise partie... » Toutes ces chansonnettes s'enchaînaient sur un rythme endiablé. A la première note de « Ecoute ce disque », la salle démarra si fort, que je fus dans l'impossibilité de sortir le deuxième mot ; le gosier noué par les larmes, je fus dans l'obligation de les laisser chanter seuls plusieurs mesures, le temps pour moi de quelques respirations qui m'évitèrent de m'écrouler en pleurs. (Je vous assure que c'est vraiment très dur à contrôler). Le tour se déroula dans un délire total. La salle, debout pendant deux heures, écumait de joie. Vu le plaisir que nous éprouvions tous je rechantai : « Just a rigolo, Spacer, etc... ». Dans ces moments-là, c'est incroyable la résistance et l'énergie que l'on trouve au fond de soi. Il n'y a plus aucune sensation de fatigue, on peut chanter pendant des heures avec un tonus qui ne fait que grandir, car il vous vient des personnes qui sont devant vous. Tous ces gens vous portent, vous donnent une électricité démesurée, ils vous soulèvent littéralement du sol, et, rien ni personne ne peut intervenir pour briser cela. Cette sensation, seul un artiste peut la connaître, et, malgré tout ce que je vous raconte, j'avoue sincèrement que c'est très difficile à exprimer.

Le dernier changement de costume en coulisse, micro en main, je rentrai à nouveau, en jean et tee-shirt, rejoindre le guitariste resté seul en scène avec sa guitare acoustique, afin de conclure le spectacle par la chanson de Serge Gainsbourg ; « Je suis venu te dire... »

Rien ne me venait. En quinze jours j'avais pris l'habitude d'entendre des hurlements de protestation, des cris de désespoir à l'annonce de mon départ, mais ce soir-là, à ma grande stupeur, ce fut le silence, un immense silence, très angoissant. Yan, le guitariste, me regarda attendant le signe pour démarrer. Il fit sonner les cordes de sa guitare (avec talent il faut le dire). Les yeux rivés au sol, j'attendais la fin de l'intro : « Je suis ve... » Je suis rien du tout ! La salle entière, chacun son petit papier dans la main, couvrit ma voix et m'obligea à stopper net ma phrase. Ils ne chantaient pas les mêmes paroles que moi ! J'écoutais, médusée tel un zombi, essayant de comprendre ce qui se passait. Les mots arrivaient jusqu'à moi comme des bouffées d'amour qui montaient de plus en plus fort. Je voulais voir, comprendre si je ne rêvais pas. Hésitante, je me saisis d'un de leurs papiers afin de le lire. Il fallait se rendre à l'évidence. Ce que je croyais entendre était là, écrit noir sur blanc et chanté en chœur par 2 500 personnes :

« On est venu te dire que l'on t'aimait
« Que malgré tes adieux rien ne changerait
« Pour tout c'que t'as donné sans un regret
« On est venu te dire que l'on t'aimait
« On voudrait que tu restes, mais tu pars
« On s'révolte, on est triste
« Mais on respecte ton départ... »

Que vouliez-vous que je fasse dans un moment pareil, à part m'écrouler comme une loque en pleurant, seule sur cette scène qui me paraissait soudain immense, seule devant ces gens tellement pleins d'amour, qui pleuraient comme moi, mais continuaient vaillamment à chanter. Il n'y avait plus que cette incroyable communion entre nous. La chanteuse et son public avait disparu pour laisser la place à des êtres humains qui avaient jeté au loin leur timidité, leur orgueil, leurs angoisses, leur âge, leur milieu social, pour se dire : « je t'aime ». Tout oublier, laisser parler son cœur.

Pendant une vingtaine de minutes le temps s'est arrêté dans ma vie, car je ne sais pas vraiment ce qui s'est réellement passé ; ou, pour être franche, j'ai peur de le savoir et je me demande ; « Pourquoi moi ? » Cette sorte de messe, pourquoi ne pas le dire, ne peut que très difficilement se raconter. Seules les personnes présentes, ceux qui l'ont vécu, peuvent comprendre le nuage d'amour qui a flotté autour de nous ce soir-là.

Je me suis rendu compte que toutes ces années, la relation que j'avais entretenue avec des milliers de gens allait au-delà de mes chansons, au-delà du commun. Par-delà mes défauts, mes erreurs, la sincérité et l'amour que je leur ai toujours portés étaient non seulement réciproques, mais surtout aussi intenses dans un sens que dans l'autre.

Tout est différent pour moi aujourd'hui. Mon cœur bat différemment, car je sais qu'il est possible de partager avec des milliers d'êtres, le plus simple des mots, mais le plus difficile à prononcer : « l'Amour ».

Mais je ne terminerai pas cette « histoire vraie », sans une conclusion à la hauteur des sentiments puissants que nous avons partagés. Une semaine plus tard, je visionnais les images du spectacle destiné à la vidéo. Le montage final me replongeait dans les mêmes émotions ; sentiment toujours aussi prégnant, gosier à nouveau serré, j'essayais de rester digne. Sur l'écran, j'étais là, face au public, les lumières fusaient dans tous les sens. Plan sur les mains serrées, plan sur les larmes, à nouveau plan de dos, tout allait très vite, lorsque, sans même avoir le temps de réaliser, je venais de voir une chose étrange. J'arrêtai la bande vidéo et revins en arrière, je n'avais pas rêver ! Je voulais vraiment en être certaine. Remontant encore la bande afin de revisionner les images, je guettais l'instant pour appuyer sur « pause ». Non, décidément, je n'avais pas eu la berlue : deux faisceaux de lumière se croisaient, soit par un effet d'optique, soit par un curieux hasard (pour moi une évidence, bien entendu). Nous sommes tous là, figés sous la croix. Une croix magnifique qui semble dire : « je suis là, je vous regarde ». Comment ne pas être frappée devant cette image, comment ne pas être saisie, de revoir pour une seconde fois, dans un moment très intense de ma vie, la même croix que celle qui était au-dessus de nous trois mois auparavant. Si la première fois j'ai regretté de ne pas avoir un appareil photo sous la main, cette fois-ci le film est là pour conforter mes dires. Dans ce moment d'amour intense nous n'avions rien vu. Et pourtant, ce soir-là, nous étions protégés et accompagnés par les anges.

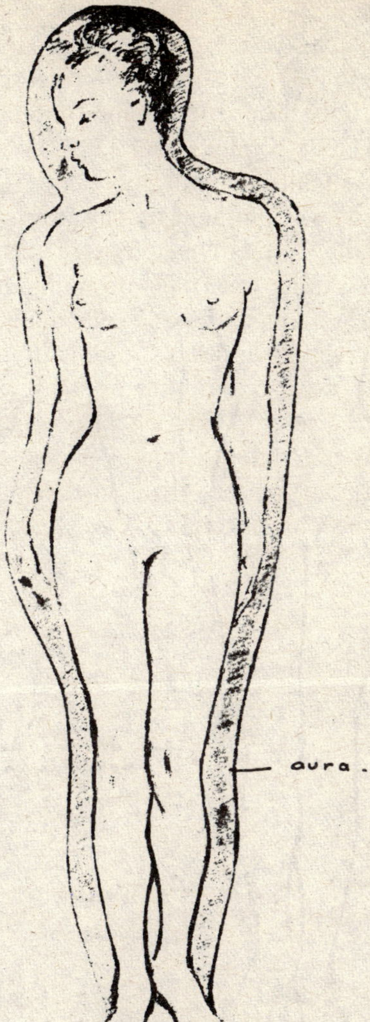
aura.

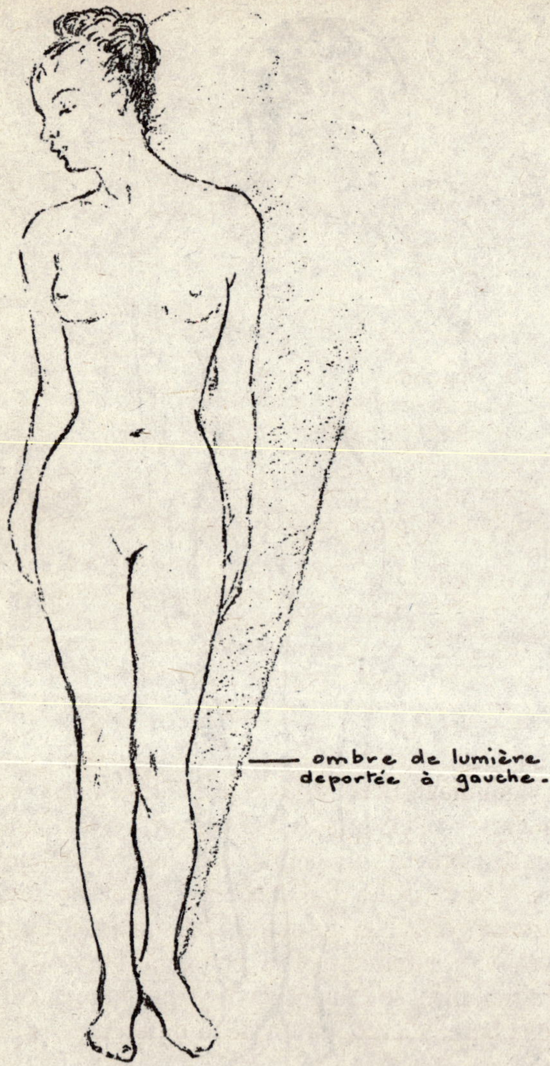
ombre de lumière
deportée à gauche.

Rencontres

Le dictionnaire ouvert au mot : « Rencontre » on trouve comme définitions :

« Hasard. Circonstance qui fait trouver fortuitement une personne (ou une chose).

Choc de deux corps (rencontre de deux voitures).

Combat imprévu de deux troupes adverses en mouvement.

Compétition sportive.

Combat singulier, duel.

Aller à la rencontre...

Les chemins sont parsemés de pierres, les plages de coquillages, la galaxie d'étoiles, notre vie de rencontres. Plus ou moins longues, passionnantes, intenses, brèves, ou sans intérêt, mais rarement inutiles. Celui (celle) qui deviendra peut-être un jour votre ennemi, celui qui sera Judas sur votre route vous enseignera sûrement plus, que celui qui vous suivra sans rien dire, se ralliant à vos idées uniquement pour vous plaire. L'acceptation de la différence, l'étude et l'examen du rapport avec l'autre est cousu de fil d'or et finira par faire un superbe napperon, que vous poserez un jour sur la table de vos souvenirs. Brillant de mille feux, il restera posé là, telle une toile d'araignée. Et même si le vent ou un plumeau assassin la démolit, l'araignée rebâtira sa toile, un peu plus loin. (J'en vois quelques-uns qui grimacent, rien qu'en imaginant l'animal !)

Toutes ces personnes qui se croisent, se recroisent, se perdent, se retrouvent, s'aiment et se haïssent, jonchent l'univers de nos existences. Il ne faut ignorer aucune d'entre elles.

L'échange est toujours présent. Tout le monde apporte un petit rien qui restera, faisant partie de la trame de la toile. Sans limite, la dentelle de cette toile vous mènera au terme de cette vie, pour ressurgir dans le futur sous un tout autre aspect. Seul restera pour nous réunir à nouveau, ce fil d'or auquel nous n'avons porté aucune attention. Fidèle, il nous attache et nous lie pour l'éternité.

ALLER À LA RENCONTRE.

Par une belle journée de juin, Yves m'offrit un paquet cadeau bien empaqueté. Heureuse de la surprise, je palpai les contours du présent essayant d'en deviner son contenu.

Impatiente, je l'ouvris sans plus attendre. Un livre !

Danser dans la lumière, auteur : « Shirley Mac Laine ».

Bon choix ! Mon admiration pour l'artiste est sans borne. Comédies musicales, shows, films, vus et revus aux Etats-Unis, rien ne manquait à son palmarès. La danse faisant partie intégrante de ma vie, je ne fus pas étonnée par son choix, mais plutôt par le contenu du bouquin. Elle parlait de sa vie, mais au-delà de tout, de son expérience à travers ses recherches sur son passé lointain. Je la découvrais, attirée par l'irrationnel, se posant mille questions, enquêtant, mais surtout trouvant des réponses. Mon désir d'en savoir plus me poussa une semaine plus tard à acheter son premier livre : *L'amour foudre.* Les mêmes questions nous rapprochaient, mais le destin avait voulu qu'elle ait trouvé ses réponses. A la fin du livre, mon envie de la rencontrer était si forte, que je devais absolument trouver un moyen d'avoir une entrevue avec elle. Je m'imaginais déjà prenant mon téléphone, appelant les U.S.A. pour dire d'un ton dégagé :

— Bonjour ! je m'appelle Sheila, j'ai lu vos livres, j'aimerais beaucoup vous parler !

Et elle de répondre :

— Vous avez dit qui ?

Il faut être un peu réaliste. Ce n'était donc pas la bonne solution. Ne m'avouant pas vaincue, je commençais de me renseigner. Il devait certainement y avoir une solution quelque part. Je finis par apprendre qu'elle devait venir à Paris pour la promotion de son livre. C'était peut-être le bon moment. Pour moi, rien n'est impossible. Si on ne tente rien, on est de toute façon sûr de ne pas y arriver. Peu de personnes connaissaient mes idées et mon intention. Pourtant, une fin d'après-midi comme les autres, la sonnerie du téléphone retentit.

— Bonjour ! J'ai une excellente nouvelle pour toi. Renseignements pris, Shirley Mac Laine sera bien à Paris fin septembre, c'est confirmé. Si tu veux la voir, c'est le moment ou jamais !

Les choses avaient l'air d'avancer. Les nouvelles se bousculaient, puisque deux jours plus tard, sonnerie de téléphone à nouveau :

— Bonjour ! devine qui va être folle de joie ? Tu as un rendez-vous avec Shirley, qui accepte de te voir. Tu pourras la retrouver pour prendre le thé à son hôtel, le lundi 7 octobre à 17 heures. Elle est très heureuse de te rencontrer.

Excitée, je passai en revue les questions qui s'accumulaient dans mon esprit. Mon cœur tambourinait dans ma poitrine, tel un marteau piqueur sur l'asphalte. Le combiné raccroché, je sautais dans la pièce ; une gamine à la veille de son premier rendez-vous galant ! (je suis toujours restée jeune d'esprit). Plus les jours avançaient, plus ma tension montait. Façon de parler. Le destin a voulu que le 5 octobre, à trois heures du matin, je me sois retrouvée sur un brancard, direction l'hôpital, service des urgences.

Mon retour à la vie publique se fit à la télévision deux mois et demi plus tard. Encore fébrile et molichone, je devais reprendre mon métier de chanteuse sur le plateau de « Sacrée Soirée ». (Promotion oblige.)

Je ne vous apprendrai rien en vous disant que dans cette émission, la surprise est de rigueur.

On ne peut s'empêcher de faire des pronostics, toujours les plus inattendus ou les plus fous.

Copains d'enfance ? Infirmières ? Médecins ? Ludovic ??? Je ne parvenais pas à me calmer. L'heure était arrivée, l'émission commençait. Assise dans le canapé, Jean-Pierre Foucault et moi conversions (l'air dégagé), telles deux vieilles rombières à l'heure du thé.

Rien ne laissait présager la suite. Un duplex avec l'Italie était au programme, pour retrouver qui ? Shirley Mac Laine !

L'œil humide, émue, je me réjouissais de pouvoir enfin entrer en contact avec elle. Vous entendez souvent parler, en regardant un spectacle ou un match sur votre petit écran, des aléas du direct ; nous en avons malheureusement fait les frais ce soir-là. L'image était très belle, mais le son était absent. Avouez que pour un second rendez-vous, il y avait de quoi avoir les nerfs en pelote. Nous ne choisissons pas toujours le moment, certaines fois il faut aussi savoir attendre. Néanmoins, je ne désespère pas.

L'heure venue, riche d'une expérience beaucoup plus vaste, nous aurons une foule de choses à partager, énormément de pensées à échanger.

HASARD : « Cause fictive des événements apparemment soumis à la seule loi des probabilités.
Evénement imprévu, chance bonne ou mauvaise. »

Au milieu de l'embroglio de ma vie, l'année 1987, avec ses mauvais souvenirs venait enfin de se terminer. Passionnée de ski depuis des années, une envie d'évasion très forte me conduisit à passer quelques jours à la montagne. Le rythme et l'endurance n'étaient pas encore revenus à leur plus haut niveau, mais cela n'avait que très peu d'importance, au regard de la joie que j'éprouvais de me retrouver glissant sur deux planches. Les repas tiennent une place de choix dans mon planning. Pas en quantité, mais toujours avec régularité. Après deux heures de descentes matinales, j'attendais avec impatience cette halte revigorante. Ce déjeuner ressemblait aux autres ; joie, liesse et joues rouges. Au beau milieu de la cohue d'un restaurant d'altitude, une femme fit discrètement passer un message à notre table. Aguerrie à ce genre de situation je me préparais déjà à signer un autographe. Qu'elle ne fut pas ma surprise d'y trouver une invitation à boire un thé au domicile de la personne afin de partager notre passion commune : le « spiritisme ». Ayant toujours été discrète sur le sujet, je fus étonnée de la savoir aussi bien renseignée. Avant son départ, elle me glissa furtivement son numéro de téléphone et disparut dans la plus grande discrétion.

Par tempérament ou éducation, je n'ai pas coutume de répondre aux invitations des inconnus (timidité, angoisse ou autoprotection) mais son approche avait éveillé ma curiosité maladive. Reconnaissez ! En pleine montagne, combinaison de ski sur les hanches, le visage cramoisi par la différence de température entre l'extérieur et l'intérieur, les pieds coincés dans des chaussures qui vous obligent à marcher comme le Yéti, le tout au milieu des skieurs qui boivent des vins chauds. Nous sommes très loin de la mystique !

De retour au chalet, mon intention était claire, j'acceptais l'idée de cette rencontre. « Tea time » le lendemain dix-sept heures.

Voici comment je me suis retrouvée dans un magnifique chalet plein d'enfants, accueillie par la maîtresse des lieux, ravie de me voir. En quelques instants et malgré son accent prononcé (yougoslave, je crois) la glace était rompue entre nous deux.

A l'époque, je lisais *L'énergie cosmique* du Dr Joseph Murphy. Or, le hasard faisant toujours bien les choses, cette femme avait suivi des stages d'harmonisation et d'utilisation des énergies. A la suite d'une longue pratique, elle était devenue maître en la matière. Nous étions aussi passionnées l'une que l'autre et la discussion allait bon train. Au bout d'environ une demi-heure de conversation, elle sortit d'un tiroir savamment caché sous la table du salon, un pendule ainsi qu'un dossier empli de feuilles. Chacune d'elles portait un dessin géométrique différent ; rond, carré... Ce véritable dictionnaire de questions lui servait à travailler. Chaque sujet abordé possédait une feuille qui lui correspondait. Dans le silence je la regardais faire, amusée et admirative, observant avec attention ce qui se déroulait sous mes yeux. Tel un métronome, son pendule lui répondait au doigt et à l'œil. Sitôt énoncée une question, il tournait vers la droite, vers la gauche suivant que la réponse était positive ou négative.

Brusquement, elle tourna son regard vers moi et demanda :

— Avez-vous déjà utilisé un pendule ?

Ma réponse fut franche et directe.

— Non ! je n'ai jamais essayé ! Il faut certainement avoir un don pour cela, n'est-ce pas ?

Souriante, elle me rétorqua sûre d'elle :

— Vous n'aurez aucun problème pour utiliser un pendule ! D'ailleurs, essayez ! Vous allez voir !

Elle posa dans ma main l'objet magique. Il était assez lourd, fabriqué en cuivre et suspendu à une petite chaîne elle-même faite de métal. Je suivais consciencieusement ses instructions. Le bout de la chaîne toujours en contact avec la paume de la main, centre d'énergie, la chaîne maintenue entre le pouce et l'index, je le laissais pendre, anxieuse. J'étais prête pour la suite des événements.

— Maintenant, concentrez-vous bien sur lui ! Pensez très fort, et ordonnez-lui de tourner vers la droite, puis ensuite vers la gauche. Vous allez voir que vous pouvez utiliser un pendule !

Les yeux rivés sur l'objet, je concentrais toute mon énergie sur lui. Puis, mentalement, j'ordonnais : tourne vers la droite ! A peine l'avais-je pensé qu'un balancement annonçait le départ d'un mouvement circulaire vers la droite. Ça marchait ! Incroyable mais vrai, ça marchait. Intérieurement, je pensais « plus vite, plus fort », et chaque pensée entraînait une réaction du pendule. J'étais folle de joie. Qui aurait pu prévoir une chose pareille ?

— Vous voyez, j'avais raison ! Vous n'avez aucun problème pour vous en servir !

Toujours concentrée, je continuais de plus belle. Le stoppant dans son élan, je le touchais, voulant m'assurer qu'il n'y avait aucun mouvement de ma main. L'évidence était là, je le faisais marcher, enfin disons plutôt tourner. Les demi-heures passaient et la nuit tombante me rappela que le moment était venu pour moi de m'éclipser. Prête à prendre congé, j'enfilai mon anorak lorsqu'elle m'arrêta :

— Je serai très heureuse de vous offrir ce pendule, il m'a porté bonheur. Je tiens à vous offrir le premier, vous verrez il vous sera très utile ! Posez-lui le plus de questions possibles, entraînez-vous, il vous répondra toujours !

Gênée, mais ravie, je la remerciai en l'embrassant. Dans le taxi qui me ramenait, une main dans la poche, je serrais l'objet pour commencer à en prendre possession. Une fois arrivée et sans même prononcer un mot je me précipitai dans ma chambre et fermai la porte à double tour. Je voulais en avoir le cœur net. Allait-il tourner sans elle ? Assise sur la moquette, chaînette dans le creux de ma main, je prenais bien soin que le pendule n'ait aucun balancement puis j'essayai. Le regard rivé sur lui je recommençai seule le processus. Réagissant aux ordres donnés il tournait, vers la droite, vers la gauche, puis stoppait. Le doute était maintenant dissipé, je pouvais faire tourner mon pendule.

Depuis ce jour, il me suit partout et répond assez régulièrement aux questions que je lui pose. La plus grande difficulté vient de la formulation des questions qui doit être claire et précise, si l'on veut obtenir un résultat fiable. Dans les semaines qui suivirent, je reçus par courrier les photocopies des feuilles utilisées chez elle, des graphismes aidant énormément pour son utilisation. La règle d'or est de ne pas l'influencer mentalement. Il perdrait alors son savoir pour vous donner seulement la réponse que vous avez envie d'entendre. Le pendule a trouvé aujourd'hui sa cachette secrète : « mon sac ». Il en sort de temps à autre. Son dernier exploit remonte à quelques mois. Mon amie Nadine et moi avions décidé de passer l'après-midi et la soirée en filles. (Les lectrices comprendront très bien ce que je veux dire.)

Pour mille raisons, j'aime beaucoup la voir. La première étant son désintérêt total pour le show-biz, la seconde parce qu'elle est l'opposée de moi et a fait un effort surhumain pour apprendre à être en accord avec elle-même. Ces années de travail lui ont tellement réussi qu'elle est devenue aujourd'hui avide d'enseignement et d'expériences. Après une demi-journée à discuter, nous ne rêvions plus que pantoufles, combinaisons (style babygros) et plateau repas « sympa » sans vaisselle, le vrai truc de filles ! La conversation porta sur le pendule. C'est vrai que je ne l'avais pas utilisé depuis longtemps, tout simplement pour ne pas prendre l'habitude de poser des questions sur tout et à tout bout de champ. Je n'aime pas avilir ce genre de pratique, pour la reléguer uniquement à connaître la météo du lendemain. Lorsque je le prends dans ma main pour le réchauffer, le retrouver, c'est un peu magique. Je ne veux pas perdre ce cérémonial. Un pendule qui tourne cela se respecte. (Encore un vieux reste des temps anciens.)

Mais la décision était prise. Après notre dîner

nous allions essayer de faire un peu parler notre pendule. L'installation est primordiale ; la grande table de la salle à manger était le lieu idéal. Nous étions toutes deux assises, raides comme des passe-lacets sur les chaises Louis XIII. Les lettres du scrabble sagement disposées en étoile nous faisaient face, nous narguant de leur tranquillité et de leur savoir. Elles étaient la clef de tous les mots, verbes et noms susceptibles de former un message venu d'ailleurs. Nadine, à la fois excitée et anxieuse, s'était réfugiée derrière un calme olympien, quant à moi, concentrée, pendule en main, je débutais par le « oui » et « non » d'échauffement, indispensable avant le grand départ. En quelques minutes nous n'étions plus seules dans la pièce : « le buffet craquait ». Je n'étais pas particulièrement surprise puisque régulièrement tous les matins des craquements venaient accompagner mon petit déjeuner. Je commençais par accueillir notre hôte et entamais le dialogue. Ce fut un vrai jeu de patience que de chercher, lettre après lettre, qui était notre visiteur et ce qu'il avait à nous dire. Nadine notait minutieusement chaque voyelle ou consonne en majuscule, pour être bien certaine de reconstituer notre travail.

— Nous connaissons-nous ? — Oui ! répondit le pendule.

— Nous sommes-nous déjà rencontrés ?

Le tour à contresens des aiguilles d'une montre signifiait : Non ! Le suspense était à son comble et sans attendre plus longtemps je lui demandai de vouloir épeler son nom.

Le pendule au centre du jeu vacillait de droite à gauche, montant, descendant, choisissant méthodiquement au milieu de l'alphabet, les lettres dont il avait besoin.

« — E-V-A-M-O-U-G-E-N-O-T. » Interloquée, je fixais Nadine, qui, connaissant l'histoire, avait déjà compris où nous partions.

— Veux-tu parler à Nadine ? Non !

— Veux-tu parler à Anny ? Oui !

— Es-tu là depuis longtemps ? Oui !

— M-I-L-L-E-N-E-U-F-C-E-N-T-Q-U-A-T-R-E-V-I-N-G-T-C-I-N-Q. Toutes ces lettres commençaient à s'amonceler sur le papier, tel un code secret. Nadine déchiffrait soigneusement les mots les uns après les autres.

« T-U-D-O-I-S-C-O-N-T-I-N-U-E-R-P-E-R-S-É-V-É-R-E-R. »

Elle était là ! Eva, mon arrière-grand-mère conversait avec nous. Enfin, Nadine dirait plutôt qu'Eva conversait avec moi.

J'avais compris depuis bien longtemps que quelqu'un vivait dans le buffet (situation tout à fait normale, vous en conviendrez) mais je n'avais jamais fait le rapprochement. Ces bruits matinaux étaient à coup sûr un bonjour. Ce qui me surprenait le plus c'était l'année. Pourquoi avait-elle choisi 1985 ?

Nadine et moi cherchions une réponse cohérente. Je vivais dans cette maison depuis bientôt vingt ans, elle aurait dû être là avant. Je faisais bêtement une fausse analyse. En fait, ayant énormément voyagé, j'avais été longtemps absente. J'avais vécu aux États-Unis, puis j'étais restée à Paris pour l'école de Ludo. Tout était clair, je venais de trouver le rapport ! 1985 était l'année où nous étions revenus vivre à la campagne. Elle était donc venue la même année. Ce point obscur éclairci, nous pouvions continuer notre conversation.

— Veux-tu continuer à me parler ? Le mouvement circulaire ample et rapide indiquait une réponse affirmative franche.

— T-U-D-O-I-S-T-M-E-F-F-I-E-R-F-A-I-R-E-A-T-T-E-N-T-I-O-N-J-E-C-O-M-B-A-T-P-O-U-R-------- !

Nadine inscrivait.

— Allons bon ! Attends une seconde le pendule est arrêté !

J'avais beau continuer pour obtenir le reste du message, le pendule restait là immobile comme un fil à plomb. Plus une seule lettre ne l'intéressait, il restait au centre de l'alphabet, sans bouger. La tension était à son comble.

— Es-tu fâchée ? Un non catégorique me vint en réponse.

— Quelque chose t'a déplu ? Non !

— Es-tu soupe au lait ? Oui !

— Tu ne veux plus me parler ? Non !

Au moins c'était clair et net. Eva stoppait là son message, nous laissant comme deux cruches au beau milieu d'un avertissement. Nous décidâmes de cesser notre dialogue faute d'interlocuteur. Je ne savais pas vraiment si c'était elle ou moi qui étais fatiguée. Ce genre de pratique demande énormément d'énergie et je me sentais complètement éreintée. La tension était retombée, nous avions choisi de regagner le salon pour commenter cette soirée. Nadine me fit remarquer judicieusement que chaque fois que je me plongeais dans l'écriture de ce livre, Eva nous faisait un signe. Une vieille photo retrouvée, un guéridon qu'elle avait elle-même fabriqué, et enfin cette communication inattendue. Ce soir la preuve était faite, Eva avait des secrets à me confier. La nuit agitée qui s'ensuivit pour nous deux, nous amènera sûrement à recommencer « nos soirées en filles » afin de connaître la suite de l'histoire. Le combat d'Eva reste encore aujourd'hui un mystère, puisqu'elle n'a pas eu la force de nous dévoiler son but.

RENCONTRE : choc de deux corps (...)

Il serait un peu facile de vous raconter comment, il y a quelque temps, un imbécile a enfoncé le pare-choc arrière de ma voiture. Trop simple, trop rationnel.

Une histoire courte suffira pour illustrer mon autre style de rencontre. Il était tard et mes yeux se fermaient invinciblement. L'appel du lit se faisait nettement sentir. Blottie sous la couette, je partais doucement en voyage dans les bras de Morphée.

Vers deux heures du matin, un raffut provoqué par Plouc (délicat comme à l'habitude), de l'autre côté de la porte, me sortit de mon voyage pour me ramener à la réalité. La nature m'appelait. Zut ! comme il est dur de bouger dans ces moments-là. Prenant une grande aspiration et mon courage à deux mains, je sortis du lit comme une bombe pour me retrouver au milieu de la chambre, stoppée net par un tournis incroyable. « Voilà ! Pourquoi n'écoutes-tu jamais ce que l'on te dit ? Il faut se lever lentement ! » pensais-je en moi-même. J'attendis quelques secondes, le temps de stabiliser mon corps avant de me diriger vers la salle de bains. Des bouffées de chaleur, suivies de vertige, m'obligèrent à m'accrocher au mur. Dans ce cas-là, pas de panique. Je rentrai immédiatement en grande conversation avec moi-même :

« Tu te calmes, tu respires profondément, tu ralentis ta respiration en la calant sur un compte de six. Six pour inspirer, six pour expirer. » Quelques minutes suffirent, j'avais enfin réussi à maîtriser mon corps pour reprendre la barre. Je n'avais plus qu'à rejoindre mon lit, tout irait mieux demain. Je traversai pour la seconde fois la salle de bains, lorsque la tempête ressurgit et devint subitement « typhon sur Nagasaki ». Et puis plus rien, pas un souvenir. Une douleur épouvantable à la tête me fit remonter à la surface.

« — Où suis-je ? Que s'est-il passé ? »

J'étais allongée sur le sol, le choc avait été terrible. Dans ma chute mon front avait flirté de très près avec une plinthe mais mon menton avait arrêté son voyage en heurtant l'angle d'une marche d'escalier.

Résultat : la tête ouverte et le menton déforme. J'avais été chanceuse, car j'aurais très bien pu me casser le nez, avoir une fracture du crâne, ou pire encore laisser mes dents dans la moquette. Rien de tout cela. Je n'ai jamais su ce qui s'est réellement passé. En vérité, je n'ai pas cherché à approfondir, puisque j'ai déjà mon idée sur la réponse. Un peu trop de personnes (bienveillantes) s'acharnent sur moi, en m'envoyant des pensées négatives ou, plus encore, en payant quelques initiés (bons ou mauvais) pour effectuer un petit travail de magie noire. Ne prenez pas l'air étonné. Même si nous avons un doute, tout le monde sait que cela existe. Je me suis retrouvée sur un lit d'hôpital à cause de ce genre de pratique. Mais aujourd'hui, j'ai appris à très bien me protéger. Si je me sens un peu trop menacée, je me fais aider. Tout cela peut vous paraître bizarre, mais certaines fatigues ne sont pas uniquement dues au surmenage, certains énervements ne naissent pas que du stress. Heureusement pour moi, cette péripétie ne s'est soldée que par deux ecchymoses.

DE RENCONTRE, DE HASARD : Amour de rencontre.

Un matin de février, temps maussade. Comme à l'habitude, le chien m'attendait devant la porte en poussant des gloussements enfin, non ! des beuglements, en guise de bonjour, auxquels j'ai fini par m'habituer. Dans ces moments-là, plus vous lui demandez de se taire, plus il continue ses vocalises bizarres. Je vous assure que si vous aimez vous réveiller tranquillement et dans le silence, il vaut mieux déménager immédiatement, tous les matins c'est le même tintouin (que voulez-vous, il m'aime !). Ma robe de chambre enfilée, je descendais l'escalier pour ouvrir la porte, guillerette et d'excellente humeur. Au beau milieu des marches mon pied glissa. Je me retrouvai propulsée en arrière. Par réflexe je projetai mes bras pour me protéger, mais je ne pus empêcher mon dos et ma tête de heurter le sol. La douleur me laissa quelques minutes assise sur mon séant juste le temps de réaliser ce qui avait bien pu se passer. Bon sang de bon soir ! Je dois monter et descendre cet escalier dix fois par jour minimum depuis vingt ans ! Je sais où sont les marches !

Je restais là, légèrement abrutie (oui, oui, cela m'arrive très souvent), et inquiète :

« Quelqu'un vient de me pousser dans l'escalier ? »

« Mon talon a glissé sans raison apparente ! »

Je n'arrivais pas à me défaire de la sensation bizarre d'avoir été volontairement poussée en arrière. Au football, on appellerait cela un « méchant tacle » et cela vaut un carton jaune. Les quelques minutes de récupération ne furent pas suffisantes pour supprimer la douleur qui m'irradiait le bas du dos.

Clopinant toute la matinée, je devais absolument faire quelque chose, toutes positions m'étaient devenues insupportables. L'ostéopathie était la meilleure solution. Redressée, deux jours plus tard, un nom me trottinait dans la tête : « Olga. »

Je ne connaissais pas cette femme mais j'avais souvent entendu parler d'elle. La curiosité toujours aussi vivace, je décidai de prendre un rendez-vous. Un peu de magnétisme et quelques bonnes ondes ne font de mal à personne. Direction Houille (ces gens-là ont vraiment des adresses incroyables).

A mon arrivée dans une charmante maison fleurie, une femme d'une cinquantaine d'années, le visage pommelé, coiffée d'une chevelure noire clairsemée de cheveux blancs, vint m'ouvrir la porte et me demanda de bien vouloir entrer, du haut du perron. Son fort accent, derrière son sourire sympathique, me fit deviner ses origines portugaises. Traversant le corridor, je me retrouvai dans la salle à manger où flottait une forte odeur d'encens d'église. A sa demande je m'asseyai à l'angle de la table.

Un regard furtif autour de moi me prouvait immédiatement son attachement très marqué pour la prière. J'attendais là, depuis quelques instants, lorsqu'elle entra, fermant la porte énergiquement derrière elle. Me regardant elle dit :

— Vous êtes tombée dans un escalier ? Quelqu'un vous a poussée ! Mais ça, vous le savez déjà !

Dans ces moments-là, on sait immédiatement si l'on a devant soi un être doté de médiumnité.

Je n'avais rien dit, rien fait, je n'avais pas encore ouvert la bouche et cette femme avait déjà raconté mon histoire en me confortant de surcroît dans la sensation que j'avais eue. De notre entretien sortirent des noms de personnes susceptibles d'employer des méthodes peu orthodoxes pour arriver à leur fin. Je ne fus pas surprise, connaissant leur penchant marqué pour ce genre de pratique. Mais il faut savoir que toute personne jouant avec le feu se brûle un jour et que, tout mal projeté à l'encontre d'un autre, comme un boomerang, revient inévitablement vers celui qui l'envoie. Cette terre devrait être un lieu pour cultiver l'amour et il est terrible que tant de gens l'oublient.

Elle me suggéra de venir m'allonger sur le canapé du salon, afin de replacer mes énergies.

Le magnétisme puissant de ses mains chauffait de plus en plus ma colonne vertébrale. Les ondes passaient du chaud au froid à volonté, détendant à la fois mon corps et mon esprit. Après m'avoir laissée flotter une demi-heure dans la béatitude, elle me demanda de laisser mes yeux fermés, tout en regardant au fond de moi l'image qui allait se dessiner. Je ne devais pas penser, juste lâcher prise. Si rien ne venait, cela n'avait aucune importance ; chaque chose arrive à son moment. J'étais dans la pénombre. Un bleu comme celui que l'on découvre à l'aube, avant que le soleil ne montre ses rayons.

— Que vois-tu ?

— Enfonce-toi dans cette douceur, laisse venir à toi la suite !

Je ne bougeais pas, sentant très bien l'arrivée de la surprise. Je commençais à distinguer une campagne où serpentait un chemin. Loin, très loin, une silhouette imperceptiblement se dessinait, avançant doucement vers moi. Les yeux clos, je laissais les choses se faire, j'étais au cinéma, le fondu enchaîné entre le bleu et les premières visions se faisait au ralenti, passant du flou au net sans mouvement brusque. Je distinguais maintenant un homme vêtu de blanc, cheveux blancs, il avançait très lentement tel un moine dans une procession. Je ne discernais pas encore son visage. Une respiration profonde m'aida à stabiliser la vision.

« — Laisse faire les choses ! disait Olga, sentant bien que j'étais partie quelque part. Je pouvais à présent dessiner ses traits. Je n'osais croire à ce qui se déroulait devant mes yeux toujours clos.

Je cherchais à faire le point sur ce visage, pour avoir la certitude de ne pas rêver. Il était là. Il n'y avait aucun doute. Cet homme qui doucement, à pas lents, cheminait à ma rencontre c'était Monsieur Guinebert ! A la vue de son visage, une bouffée de chaleur emplit mon plexus. Doucement, il arrivait, calme et souriant puis il s'arrêta. D'un geste lent, il ouvrit grand ses deux bras, comme il l'avait fait un nombre incalculable de fois. Je mourais d'envie de le rejoindre, de courir vers lui pour l'embrasser, pour lui dire combien il me manquait. La tension émotionnelle était de plus en plus intense. J'étais là sans pouvoir bouger, malgré ses appels, son sourire et la sagesse protectrice qui émanait toujours de son visage. Un flot de larmes monta sous mes paupières. Sans pouvoir contrôler quoi que ce soit, je pleurais comme une petite fille sur le canapé.

— Qu'as-tu vu ? Qui est-ce ? demanda Olga.

Elle me caressait les cheveux, réalisant parfaitement le désarroi dans lequel j'étais. Assise, j'avais préféré sortir de cette vision qui avait réveillé en moi la douleur de l'absence. La tête dans les mains, je pleurais sans discontinuer et je m'interrogeais à haute voix :

— Je sais qui il est, mais pourquoi était-il là, me

suggérant de venir vers lui ? Je voulais juste le rejoindre pour l'embrasser et je ne pouvais pas ! » expliquais-je entre mes sanglots.

— Pleure ça te fera du bien ! C'est merveilleux. Cet homme est près de toi et toute personne qui cherchera à te faire du mal, le trouvera sur son chemin ! Il te l'a montré, expliqué très clairement dans ce que tu as vu. Il est venu pour te le dire, il est venu vers toi, t'a tendu les bras ! Il ne t'a jamais quittée, il est ton guide, il te protège !

Mes larmes avaient cessé. Je m'excusais, gênée d'avoir bêtement craqué devant cette femme que je voyais pour la première fois.

— Tu es quelqu'un de bien ! Je suis heureuse que cette vision t'ait rapprochée de lui. Ton cœur est pur et ton aura brille, elle est beaucoup plus large qu'à ton arrivée, tu vas être pleine de force ! Tu as énormément de chance d'avoir la protection d'un homme d'une si grande sagesse !

Un peu abasourdie, je la remerciai de son aide en l'embrassant. Elle me serra dans ses bras comme une « mama », avant de me confier un petit livre de prières, me demandant en plaisantant de l'ouvrir de temps en temps.

Cette femme qui n'est qu'amour, m'avait rapproché de « Monsieur Guinebert » et je lui en étais très profondément reconnaissante.

Le passage

Toute recherche est enrichissante. De l'idée que l'on en a, aux résultats que l'on obtient, la démarche provoque une réaction plus ou moins violente selon les cas. L'image qui me vient pour vous expliquer ce que l'on peut ressentir est toute simple mais tellement vraie. Jetez une pierre dans une eau stagnante : elle provoquera des « ronds ». Ces ondes, issues du choc entre l'eau et le caillou, s'écartent doucement, partant du point d'impact pour aller mourir au loin. Voilà exactement ce que peut ressentir votre corps après un voyage dans le passé. Jour après jour, sans même que vous en soyez conscient, les émotions continuent à se développer, à bouleverser votre comportement, le travail continue à se faire seul. Ce n'est qu'après plusieurs semaines que vous commencez à comprendre que tout votre être a été secoué.

A l'époque de mes recherches, j'étais en pleine préparation d'un nouvel album. C'est toujours une période exaltante, la tension est à son comble. Ecouter, écouter encore, aimer ou hésiter sur la prochaine direction à prendre. Les fous rires, les angoisses, tout s'accumule au même moment. Dans mon cas, il y a beaucoup plus de fou rire, qu'autre chose, il faut bien le reconnaître. Et puis il y a la chanson qui, à la première écoute, vous paraît être le « tube » de la décennie, mais qui une fois porté par votre voix (magique) devient la plus triste rengaine que la terre ait portée. Rien n'est jamais définitif ; voilà pourquoi un album prend tant de temps. Il faut réaliser des maquettes, et encore des maquettes, pour obtenir quelque chose qui se tienne, où vous vous sentez bien, dont vous êtes fière, et qui pourra peut-être avoir du succès. Vous comprendrez donc combien il est important, de se concentrer et de ne penser qu'à cela nuit et jour. Pourtant durant cette préparation et même si ma conscience me poussait ardemment à me concentrer, mon esprit vagabondait, errait du Tibet, au XIXe siècle, de la méditation aux potions avalées volontairement un soir de tourmente. Tout ce mélange disparate me noyait d'images et de sensations diverses, que ma volonté ne réussissait pas à coordonner. Je constatais une différence de comportement chez moi. J'étais, certes, très heureuse d'écouter les nouveaux titres, de les chanter afin de me les mettre en bouche, de les réécouter, encore et encore, mais une sorte de vide persistait malgré tout. Je pensais être la seule à ressentir ce changement, jusqu'au jour où Yves me fit remarquer gentiment que le disque sur lequel nous travaillions ensemble n'était pas sa chose et qu'il avait pourtant le sentiment d'être le seul à être concerné par cette affaire. Cette réflexion, perspicace, me remit instantanément les pieds sur terre. Il avait totalement raison. Je pensais avoir masqué ce recul par la technique, mais lui avait très vite décelé que quelque chose n'allait pas.

Je n'étais pas dedans, c'était évident, ma tête était ailleurs. Si il y a un métier où on ne peut pas tricher, c'est bien celui-là. Devant un micro tout transparaît.

Je ne parle pas des fausses notes (qui à priori ne doivent pas exister), je parle de chaleur, de poils qui se dressent à l'écoute d'un disque sans savoir pourquoi. Le « feeling » c'est quelque chose d'indéfinissable. Le frottement des doigts sur le manche d'une guitare, un raclement de gorge imprévu qui vous donne le frisson ; une machine ne peut pas avoir de cœur.

En résumé, vivre, danser, parler, aimer toutes ces choses sont des émotions, et nous sommes régis par elles.

Ces deux retours en arrière m'avaient déstabilisée, éloignée de la réalité. Je vivais désormais au-dessus du sol, la tête dans les étoiles (ce qui est excellent), mais les pieds à deux mètres du sol (ce qui est très mauvais, les forces régénératrices venant pour beaucoup de la terre). Ma passion de toujours, un des éléments essentiels de ma vie était subitement devenu un travail machinal. Tous mes efforts ne réussissaient pas à me recentrer vers le seul but de mon existence : « chanter ». J'essayais de jouer l'étonnée, celle qui ne comprend rien du tout, mais alors rien du tout, au problème posé.

Comme dans un mauvais vaudeville, je rétorquais l'air éberlué :

— « Mais qu'est-ce qu'il t'arrive, je ne vois pas pourquoi tu me dis une chose pareille... ! »

Je n'aurais pas gagné le premier prix d'interprétation féminine dans cette scène-là. J'étais gauche, mal à l'aise, et, de surcroît, cramoisie.

Il fallait bien que je trouve une solution, pour me remettre les idées en place.

Le jour suivant, je décidai d'appeler la seule personne capable de me donner une réponse, P. Drouot.

Il n'eut pas l'air surpris par mon explication, et il me rassura en m'expliquant que tout cela était parfaitement normal. Un nouveau rendez-vous fut fixé. C'est ainsi que je me suis retrouvée involontairement allongée une nouvelle fois sur le canapé en partance pour un nouveau voyage, à la seule différence que celui-ci avait une autre destination : « le Futur ».

P. Drouot ne paraissait pas du tout surpris par ce changement intérieur. La séance démarra comme les autres. Casque sur la tête, allongée sur le canapé, je recommençais, au son de la musique et de sa grosse voix monocorde, à m'enfoncer à toute vitesse dans le tunnel, pour me préparer à monter, plus haut, toujours plus haut. La relaxation, l'habitude et la confiance me donnaient la possibilité de décoller en trois minutes. Déconnectée de mon enveloppe corporelle qui restait en bas tel un vieux tronc mort, mon esprit commença sa visualisation. Au loin, une radiance m'attirait de plus en plus et je finis par me noyer dedans. Le but était la recherche de mes forces potentielles : la passion, la présence, la combativité, l'amour des autres et de soi-même, afin de les ramener dans le monde d'en bas, le monde matériel.

— Cherchez à vous représenter un symbole, parmi les milliards de choses de l'univers ! Qu'est-ce que cela pourrait être ?

Une flamme était là devant moi. Je flottais, cherchant ce qu'il pouvait y avoir de plus fort. « La flamme » devenait de plus en plus précise, petit à petit elle se matérialisait.

— La flamme !

— Alors, cette flamme j'aimerai savoir quelle est sa couleur ? Est-elle blanche, jaune, rouge, verte ? Quelle est la couleur de cette flamme ?

— Elle est en or !

A chaque question, les réponses apparaissaient, après un temps plus ou moins long, dans l'image fugitive. Je n'avais pas même besoin de penser : elles étaient là. Vous êtes subitement dominé par une espèce d'ordinateur, dont vous n'avez pas la sensation d'avoir le contrôle.

— Cette flamme, nous allons la faire rentrer en vous, dans ce corps qui est en bas ! Symboliquement, pendant que vous flottez là, nous allons faire rentrer cette flamme en vous, à travers un point situé au centre du front (6e chakra, appelé le 3e œil). Vous allez l'aspirer. Rappelez-vous que cette flamme qui danse devant vous représente vos potentiels. Vous allez la faire entrer en vous lentement !

A la différence des recherches sur les vies antérieures, cette séance ne me demandait aucun effort. J'étais haut, très haut, guidée seulement par les ordres répétés de la voix. Un bien-être, difficilement explicable, m'habitait, une chaleur intense avait pris place dans mon corps allongé, chaque déplacement visualisé de la flamme répandait des braises incandescentes sur son parcours. Mes veines de la tête aux pieds se gorgeaient de ce feu qui s'épanouissait en une énorme boule de feu à l'estomac.

— Sentez-la dans tous les niveaux de l'être ! Cette flamme vous allez maintenant la faire passer lentement dans le plexus solaire, là où se trouve le troisième chakra. Les énergies issues de Mars, le charisme, la combativité, la présence à chaque instant. Vous sentez cela ! encore, encore !

Je suis certaine que P. Drouot, perçoit et voit les mêmes choses que vous ; il vous pousse jusqu'à ce que vous ayez exactement ressenti la force de ce que vous avez vu.

— Cette flamme qui a pénétré à l'intérieur de vous même n'est rien d'autre qu'une autre partie de vous, qui se trouvait à l'extérieur, là haut, et qui, peu à peu, se manifeste dans le monde physique ! Que vous manifestez, dans le monde physique ! Maintenant, je voudrais que, pour quelques instants éternels, nous allions dans ce monde ouvert, dans cet espace infini. Nous allons rendre manifeste une boule blanche. Cette boule blanche représente tout ce que vous êtes, tout ce que vous avez été, tout ce que vous serez. Cette boule blanche danse !

Mon corps lourd, allongé et inerte sur le canapé,

percevait tous les ordres. Voyageant en apesanteur, mon esprit jouait à présent avec cette boule pleine d'énergie. Finalement je l'aspirais à nouveau par le centre de mon front. La séance se prolongea encore une demi-heure jusqu'à ce que toutes les forces, emmagasinées au fond de moi, puissent enfin, doucement, mais sûrement, redescendre pour réintégrer mon enveloppe corporelle, qui gisait là, moulée dans le canapé.

La recherche sur les vies antérieures consiste à expurger une des disquettes (soyons moderne) de souvenirs bloquée au fond de votre mémoire. Vérifiée point par point, elle se remettra en place dans son casier mais restera définitivement là sous vos yeux, donnant un poids, une expérience, un réflexe supplémentaire à vos émotions. Devenant indélébile, elle s'élargira au fil du temps, influençant sans votre accord la sensibilité de votre être.

Cette séance ne ressemblait en rien aux autres.

Dans cette recherche des guides, la montée contrebalançait la descente.

Le bien-être rapporté me gonflait d'énergie telle une montgolfière, un petit coup de flamme et hop mon sang devenait désormais un fleuve charriant des millions de paillettes (il n'y a pas que les amphétamines ou le reste pour « décoller », et cette pratique, même répétée, ne représente aucun danger pour la santé).

Rien ne perturbait plus mon esprit, je rapportais simplement une sensation de relaxation, une envie folle de dévorer la terre entière. Les jours qui suivirent le confirmèrent et tout rentra dans l'ordre. Je me replongeais avec une fougue et un plaisir sans mesure dans l'enregistrement de mon disque.

Ce rendez-vous bénéfique avait restauré mes forces.

Celui qui vous affirmera qu'il ne peut y avoir aucune répercution sur vous dans les recherches sur votre passé ne dit pas la vérité. Il la dissimule ou l'ignore tout simplement. Chacun doit gérer ce type d'expérience à sa façon, mais il en rapporte toujours des souvenirs qui restent là, définitivement acquis. Ces souvenirs sont utiles, même si le mélange du passé, du présent et de l'avenir peut sembler parfois impossible. C'est à vous d'en tirer profit, d'en ressentir les bienfaits. Une minuscule pièce du puzzle, ô combien essentielle, va doucement s'intégrer dans un endroit défini de votre vie.

Le temps, lui, trouvera la bonne place afin de continuer à grandir jusqu'au jour où votre puzzle sera terminé. Mais nous n'en sommes pas là.

Ce jeu de patience n'est qu'un reflet de ce que sera notre vie future puisqu'il conduira, quoi qu'il advienne, celui qui doute à la croyance, au surnaturel, à la force divine à travers la prière qui reste la clef de voûte de la progression.

La méditation transcendantale

La lecture de « Se libérer du connu » de Krishnamurti et de « La méditation transcendantale » de Maharishi Mahesh Yogi, m'avait inconsciemment poussée vers l'étude de ces techniques. C'est ainsi que je me suis retrouvée en plein cœur de Paris avec une amie voyante encore méconnue, mais de grand talent. Par expérience, j'ai pu constater que les prévisions les plus invraisemblables qu'elle me faisait s'avéraient avec le temps, être justes, mais ceci est un autre sujet. Intéressée par la méditation, j'avais décidé de rencontrer les adeptes de M. M., Yogi. Je me retrouvai donc au troisième étage dans un petit appartement. Le premier rendez-vous était une réunion d'information, une séance où, pendant une heure, on vous explique les bienfaits et les résultats de cet enseignement. J'ai essayé de rentrer dans le débat, mais malgré mon intérêt profond pour la méthode, j'éprouvais une sensation étrange. J'avais la désagréable impression d'en savoir plus que l'enseignant.

Décidément, il manquait quelque chose. L'initiation s'étalait sur six jours mais je trouvais toujours une bonne excuse pour ne pas y aller. En vérité, je n'y suis jamais retournée, allez savoir pourquoi ? Pourtant, au fond de moi, je sentais que j'avais besoin de cette connaissance. Cependant la vie réserve des surprises parfois assez inattendues.

Le travail, ou plutôt un reportage photo, m'avait entraînée dans l'île Maurice. J'étais heureuse d'aller dans ce havre de beauté et de paix — c'est toujours pour moi un bonheur d'être en ce lieu magique où la sérénité plane en permanence. Mais à peine étais-je arrivée, qu'un déclic se produisit. Une force incroyable me poussait. Je savais que je serais initiée ici, sur cette île, par les Maîtres en la matière : les Hindous. Il était impossible pour moi de repartir sans mon Mantra.

Je cherchais, pendant mon travail, et le plus discrètement possible, le Centre de Méditation Transcendantale. On me parlait beaucoup de la Méditation à base de yoga, mais apparemment la Méditation Transcendantale était moins connue ou plus secrète. Au bout d'une journée de recherche on m'indiqua une femme susceptible de me renseigner sur ce que je cherchais. A la fin de la journée, je tentai ma chance, et composai fébrilement le numéro de téléphone : une voix féminine me répondit. Il s'agissait de la responsable du Centre de Méditation et de l'initiatrice de cette méthode. Elle se trouvait là par hasard et était sur le point de partir. Il y a d'étranges coïncidences de temps en temps ! Je lui fixai un rendez-vous à l'hôtel pour le lendemain dix-huit heures. Après une journée de sport et de mer j'attendais, impatiente, cette fameuse rencontre.

Un couple d'Hindous se présenta. Tous deux respiraient la sérénité. Pretty, puisque c'est son nom, ressemblait à une jeune adolescente, ravissante, bien que son sari laissât deviner qu'elle attendait un bébé. Nous avons parlé pendant une heure. Tous deux cherchaient à savoir et à comprendre comment j'avais entendu parler de cette méthode et pourquoi je voulais être initiée ici. Ils m'ont demandé comment m'était venue cette soudaine envie ? Comment j'avais fait pour les trouver ? Dans le feu de la discussion, je me suis mise à leur raconter l'une de mes vies antérieures, celle du moine plus exactement. Je décrivais le lieu, les vêtements, le monastère, les méditations. Au fur et à mesure que je parlais, le visage de son mari s'éclairait. Il commença à entrer dans mon histoire et ajoutait les détails existant dans ce voyage : des chemins, des salles de prières, etc. Aussi invraisemblable que cela puisse paraître nous avions eu tous deux une vie antérieure à la même époque, dans le même siècle et au même endroit. C'était la preuve pour moi que les recherches et les rencontres ne se font pas par hasard. J'étais au bout du monde, avec des gens que j'avais trouvés après maintes difficultés, et nous étions là, dans un bungalow, sur la plage, à confronter nos souvenirs d'une autre époque. Nous nous fixâmes, Pretty et moi, un rendez-vous quotidien d'une durée approximative d'une heure trente pendant six jours. Les deux premiers jours nous parlâmes beaucoup. Je répondais à ses questions, puis à un questionnaire, qui allait lui permettre de me donner mon Mantra.

Pretty était très heureuse de faire ce « travail » avec moi. Elle se montrait persuasive, me confiant qu'à partir de ce jour une nouvelle vie commençait pour moi, que mon comportement, mon regard sur les autres et ma façon de penser allait beaucoup changer. Pour notre rendez-vous du lendemain, jour où nous allions procéder au cérémonial, elle me demanda d'apporter des fruits frais, des fleurs et un mouchoir blanc. Je la serrai très fort dans mes bras avant de la quitter.

Le lendemain, à dix-huit heures, elle était là, jolie comme une fleur et toujours souriante. Elle installa les fruits, les fleurs et le mouchoir sur la table, posa une photo de Sa Sainteté Maharishi Mahesh Yogi, s'installa devant et me dit qu'elle allait chanter et prier. Elle me demanda de me laisser aller, de rire ou de pleurer suivant les sensations que je pouvais ressentir. A la fois curieuse, anxieuse et tendue je l'écoutai chanter ; sa voix était claire comme celle d'un rossignol. Les sons me tiraient des larmes qui coulaient le long de mon visage ; Pretty me demanda de répéter après elle. Ce que je fis à trois reprises.

— Continue mentalement maintenant, tu as ton Mantra. Tu ne devras jamais le dévoiler, ne jamais l'écrire, maintenant il est à toi.

Nous fîmes notre première Méditation de vingt minutes ensemble, en répétant mentalement mon Mantra. A la fin, elle me demanda ce qui s'était passé, ce que j'avais vu, entendu ou senti. Il est vrai que des milliards de choses avaient défilé devant mes yeux clos. Des images, des couleurs, un monde nouveau s'étaient ouvert à moi.

La première impression que j'eus fut celle de la concentration qu'exige la répétition de ces sonorités qui sont les vôtres et qui vont vous permettre d'éveiller en vous le changement. Le rythme vient de lui-même, plus ou moins rapide suivant les moments. Plus les minutes s'écoulent et plus vous sentez votre respiration se stabiliser. Avec le temps j'ai d'ailleurs constaté que ma façon de respirer s'était transformée. A chaque Méditation, une petite respiration ventrale me suffit amplement. Votre imagination a tendance à partir sur des images, des couleurs. Tout est une question de temps et de régularité. Le monde change au fil des mois, au fil du temps et des Méditations. Mon apprentissage dura six jours. Avant de partir, Pretty m'avait invitée chez elle afin de m'offrir un cadeau. Vers 17 h 30 je partis donc à Cure Pipe. Je trouvais, à l'adresse indiquée, une maison de plain-pied, typique. Pretty m'attendait entourée de ses enfants. Après nous être rafraîchies, nous nous sommes enfermées dans une petite pièce où trônait, posée sur une table, Shiva, entouré de fleurs d'encens. Une odeur sucrée flottait dans l'air. Nous nous sommes assises toutes les deux sur un matelas posé à même le sol. C'était notre dernière entrevue. Pretty me fit part de ses ultimes recommandations que je ne devais jamais oublier. Elle m'enseigna le Assana et le Pryanama, respiration et massage qui aident à l'éveil du corps. Puis, dans un geste très cérémonial, elle m'offrit un Rudradcha. Je pourrais lui donner comme signification : « le troisième œil ». C'est une graine très odorante, percée de part et d'autre. Pretty disait qu'elle n'en possédait que quelques-unes offertes par le Maître.

— Je ne peux en donner qu'aux gens qui sont aptes à les porter. Tu la porteras sur toi et ne t'en sépareras jamais. Ce Rudradcha te protégera et nous unira pour toujours.

J'étais très touchée qu'elle m'ait jugée capable de le porter. L'odeur entêtante de cette boule qui ressemble à une cerise séchée n'a jamais quitté mon cou à dater de ce jour.

Je médite vingt minutes, deux fois par jour, matin et soir, sans jamais manquer ce rendez-vous biquotidien. Après une Méditation je suis beaucoup plus en forme. Mon esprit est dégagé, mon visage détendu et je me sens merveilleusement bien. Il est amusant de constater d'ailleurs qu'avec le temps vous pouvez méditer n'importe où. Vous prenez l'habitude de partir vers ce voyage intérieur sans tenir compte de l'environnement extérieur. Un autre grand Maître, Baba Muktananda, affirme :

— Il est tout à fait faux de dire que la méditation est difficile. La méditation est la sœur aînée du sommeil ; elle réside juste au-delà du sommeil. Le sommeil profond est au-delà des états de veille et de rêve, il prépare à l'état de Turiya.

J'avoue aujourd'hui que ces méditations font partie de ma vie, et que j'ai la sensation d'avoir un sixième sens, de percevoir les choses de façon différente. Lors de mes premières méditations, je revoyais toujours les mêmes images : de grands blocs de pierre, de granit je crois, représentant grossièrement des visages, des formes de profil, comme casqués. Je suis restée des semaines à me demander ce que pouvait bien signifier ces énormes têtes, ces visages géants qui revenaient tout le temps sous des angles différents. Puis un jour, j'ai découvert une de mes vies antérieures en Atlantide. A compter de ce jour, je n'ai jamais plus revu ces statues de granit, Etrange...

DÉFINITION DE LA MÉDITATION TRANSCENDANTALE

La méditation transcendantale appelée plus communément M.T., est connue pour ses résultats, non seulement sur le corps astral, mais aussi sur le corps physique. Cette technique permet de ralentir la pression sanguine, le rythme cardiaque, et régénère le système nerveux ; tout ceci a été vérifié par le corps médical. Une bonne méditation est beaucoup plus régénérante qu'une nuit de sommeil. Il est important de savoir que la nuit notre tête travaille toujours ; le subconscient se met en marche et ne permet pas au cerveau de se reposer totalement.

DÉFINITION D'UN MANTRA

Puissance occulte du son ou de la vibration, le Mantra offre la clé des mystères de la création et de la force créatrice, et découvre la nature des choses et des phénomènes vitaux. La force et l'effet d'un Mantra dépendent de l'attitude spirituelle, de la science, du sentiment de responsabilité, de la maturité de l'âme et de l'individu. Le Mantra ne confère une puissance qu'à celui qui est conscient de son être, qui connaît les modes de son application et qui sait qu'il est le moyen de réveiller les forces qui dorment en lui et grâce auxquelles il sera en mesure d'agir sur son destin et sur son entourage. De tous temps, les Maîtres ont exigé de leurs disciples la possession de certaines qualités ou qualifications, car rien n'est plus dangereux qu'un demi savoir ou un savoir dont la valeur est seulement théorique.

DÉFINITION DU TURIYA

Etat de Turiya ; état transcendantal, quatrième état de la conscience, au-delà des états de veille, de rêve et de sommeil profond, dans lequel on perçoit directement la nature véritable de la vérité.

« *Ouvertes sont les portes de l'immortalité à qui a des oreilles pour entendre.*

Ayez foi ! »

BOUDDHA.

Le karma

Dans les religions hindouiste et bouddhiste, la réincarnation est une donnée indiscutée et on parle en toute tranquillité du karma.

Le karma est un mot de la langue sacrée des brahmanes, le sanskrit, qui correspond au mécanisme de la rétribution des actes, auquel chaque individu est soumis et qui conditionne ses renaissances successives. Nous naissons tous avec un karma, plus ou moins lourd à porter. Peu importe le temps que nous passons sur la terre, cette période conditionne la suite, le nombre de retour à effectuer, pour atteindre un jour le but fixé par la règle du jeu : « LA SAGESSE ».

A chaque fin de karma, nous franchissons un pas de plus vers la lumière. Chaque vie est une épreuve, un test, que vous passez avec mention, ou que vous ne réussissez pas. Si vous n'avez pas été reçu au concours vous en recommencerez une autre, avec des épreuves similaires, remises dans un contexte différent, suivant les lieux, suivant les temps. Vous serez confronté à nouveau aux obstacles qui vous ont fait trébuché dans une histoire précédente.

L'accumulation des réincarnations engrange au fond de vous-même savoir et expérience. Cette mine de richesses doit ressortir du puits dans lequel elle est enfouie. Nettoyer son karma est aussi important que de se laver le matin. Je n'ai jamais ressemblé à ce que l'on appelle communément une grenouille de bénitier, pourtant je prie, de plus en plus souvent, et inconsciemment je me surprends à me réfugier dans la prière. Certaines situations sont dures à affronter à supporter, à vivre, il faut les prendre comme une barrière à franchir. Vous ne vous trouvez pas là par hasard (d'ailleurs, pourquoi vous et pas l'autre ?). Mais on ne peut pas comparer la progression de deux êtres à travers un karma l'un des deux a peut-être déjà passé ce test tandis que l'autre l'affronte pour la première fois Chaque individu a sa propre histoire. Nous avons tous un nez, deux yeux, une bouche, etc., mais chacun de nous est différent, d'où l'importance de la route que l'on va choisir. Ce qu'il y a de passionnant dans tout cela, c'est la différence des réactions de chacun. On se dit souvent mentalement :

— Moi, à sa place, je n'aurais pas fait ceci, ou dit cela.

Et c'est logique, lorsque l'on y réfléchit. Nous ne sommes simplement pas sur le même plan vibratoire. Pour y revenir, on est beaucoup plus fort, pour résister, dans l'adversité lorsque l'on admet qu'il faut traverser des épreuves afin d'apprendre. Si ces épreuves ne se présentaient pas aujourd'hui, elles se présenteraient demain et en tout état de cause, elles se présenteraient tôt ou tard. Ce n'est pas en fuyant que l'on peut éluder ce que l'on ramène de très loin. Je pense sincèrement que c'est au contraire en faisant face, en prenant le problème comme un challenge, que l'on peut progresser. Ne perdons jamais de vue que nous sommes protégés. Tout est expérience, tout est enrichissement et pas à pas, nous nous rapprochons de ce pourquoi nous sommes faits : « la sagesse »

Les races, les religions, les ethnies, sont toutes confrontées au parcours de la lumière. La grande force, la grande ouverture qui résulte de la prise en considération de la réincarnation est flagrante. Juste un exemple, qui me vient à l'esprit : imaginez une personne de race blanche complètement allergique aux êtres différents d'elle et qui fait une recherche sur ses vies antérieures. Elle se découvre, subitement, plusieurs siècles en arrière, dans le corps d'un esclave noir maltraité par son « propriétaire ». Pour un choc, c'est un choc ! Comment voulez-vous qu'elle continue à approuver la discrimination raciale, si elle en a déjà subi la condition et qu'elle vient de revivre émotionnellement, visuellement, une vie d'injustice, de rejet, d'humiliation ? Toutes ses valeurs, ses pensées sont irrémédiablement remises en question, sur le moment et dans les jours qui suivent, le changement s'opère lentement mais sûrement.

« Ne fais jamais aux autres ce que tu n'aimerais pas que l'on te fasse. » En repensant à cette phrase, on réalise alors qu'elle n'a pas été écrite pour ouvrir des portes qui nous restent encore fermées (momentanément).

Les relations et l'approche des autres se transforment, évoluent, pour laisser place à un échange, une ouverture d'esprit faite de compréhension. Mon analyse de la vie peut vous sembler enfantine. Avoir l'espoir de faire changer la mentalité humaine, est-ce bien raisonnable ? Et pourtant, il faut y croire.

P. Drouot dans son livre *Nous sommes tous immortels* dit :

« Le karma est le mécanisme qui pousse l'âme dans l'incarnation. Lorsque l'on travaille sur les vies passées, on est forcé de constater que le sujet débouche souvent sur des existences difficiles et douloureuses. Mais il ne faut pas en déduire que ces existences sont plus nombreuses que les autres, il y a autant de vies douces que de vies pénibles dans un cycle d'incarnations. Simplement, lorsqu'une personne désire comprendre un problème du présent, elle risque fort d'extraire de sa mémoire, de la somme de ses vies passées, une existence problématique. A l'inverse, une personne qui se demanderait pourquoi elle adore les fleurs, risquerait de revivre une existence poétique et fleurie. Le karma n'est ni bon ni mauvais, c'est une loi de totale justice.

C'est à travers la compréhension de son propre

karma que, peu à peu, chacun d'entre nous pourra rejoindre sa totalité, son unité. Ainsi retournerons-nous vers la source. »

Toute personne qui cherche ou s'interroge sur la possibilité de vies antérieures, attend et espère une preuve de leur existence. Lorsque l'on a la possibilité de faire une expérience de régression tout devient clair Dès votre premier voyage, la véracité de ce que vous venez de traverser dans cet état de relaxation physique et d'éveil de la conscience, est éclatante. Les faits sont tangibles. Vos souvenirs, vos émotions, emmagasinés depuis des millénaires, tout cela devient immédiatement réel.

Vous ne vous posez absolument plus la question de savoir si la réincarnation existe. Vous vous êtes à vous-même donné la réponse. Vous perdez subitement une partie de votre ego. La grande interrogation change, elle devient : « Qu'y a-t-il, enfermé depuis si longtemps, à l'intérieur de ma mémoire ? Le mécanisme, a-t-il déjà fonctionné ? Où sont les traces ? Où suis-je situé au milieu de cet ensemble ? »

Plus on travaille, plus on plonge en arrière, plus certaines facultés, encore aujourd'hui inconnues, ressortent délicatement (ou non !) des méandres de nos vies. Sans même le vouloir le processus est lancé. Au milieu des sensations, des révélations, des phénomènes (exemples : magnétisme, vision, prémonition, etc.), nous ne nous considérons plus désormais comme « le plus fort » ou « le plus grand », mais comme une accumulation d'expériences venues du fond des temps, oubliées, refoulées par la vie moderne. Nous allons tuer le « Moi, je » pour faire d'abord un « Nous » qui finira dans l'unité et la totalité.

Cette douleur inexpliquée des cervicales, qui revient inlassablement, est peut-être un vieux reste d'une vie où vous avez été décapité ; ce point à l'abdomen, un coup d'épée, cette relaxation et ce bien-être que vous ne contrôlez pas, peut venir d'une vie de méditation et de prière, cette agressivité ou cette colère, pourrait être une mort refusée ou mal préparée.

Toute cette conquête de votre être va vous amener à des changements énormes, à la restructuration de vous-même.

Finies la cécité et l'ignorance, « Fini l'écran noir de vos nuits blanches ». Les fondus enchaînés de vos vies passées, vont devenir à la fois le volcan de lave qui redessine un relief ou la crevasse au fond de l'océan qui engloutit tout l'univers. Tout est bouleversé pour mieux être remodelé. La surprise qui vous attend est parfois longue à venir. Mais après quelque temps, votre voyage, assimilé, aura tout nettoyé.

Un jour, un homme arriva au paradis et demanda à Dieu s'il pouvait revoir toute sa vie, aussi bien les joies que les moments difficiles.

Et Dieu le lui accorda.

Il lui fit voir toute sa vie comme si elle se trouvait projetée le long d'une plage de sable et comme si lui, l'homme, se promenait le long de cette plage.

L'homme vit que tout le long du chemin il y avait quatre empreintes de pas sur le sable, les siennes et celles de Dieu... Mais dans les moments difficiles, il n'y en avait plus que deux.

Très surpris et même peiné il dit a Dieu
« — Je vois que c'est dans les moments difficiles que tu m'as laissé seul... »

« — Mais non ! lui répondit Dieu, dans les moments difficiles, il y avait seulement la trace de mes pas à moi, parce qu'alors... je te portais dans mes bras. »

D'après ADÉMAR DE BONOS (Brésil)

Les prières

Les prières sont toutes bénéfiques, leurs pouvoirs ne sont plus à prouver mais simplement de temps à autre est-il bon de se rappeler qu'elles existent. Si nous l'oublions, c'est par paresse, par pudeur, paı manque de confiance, par manque d'habitude, ou tout bêtement parce que Dieu nous dérange, nous énerve, et paraît totalement hors du temps, à l'aube de l'an 2000. Je ne porterai certainement pas de jugement, mais c'est souvent dans les actions ou dans les pensées les plus simples, les plus faciles, et sincères que l'on se retrouve le mieux. Aujourd'hui, les publicistes vous diraient : « l'essayer, c'est l'adopter. » Je me contenterai de croire qu'il n'est besoin d'aucune publicité pour savoir où est la vérité et, par-dessus tout, pour soulager soi et les autres de la peine. Rien n'est plus fiable que l'instinct. Nous l'avons tous un peu perdu, dans les dédales de notre éducation, dans notre expérience de la vie. Pourtant il est là, en sommeil, caché quelque part au milieu de cet incroyable imbroglio que sont les préjugés envers nous-même et envers les autres. Il est peut-être venu le moment de ne pas se poser de questions, pour une fois laissons-nous aller sans chercher le pourquoi du comment, juste comme une chanson que l'on entend et que l'on a envie de fredonner.

Prenons le « Notre père » ou « Je vous salue Marie ». Ces prières sont toutes deux simples et tout le monde les connaît. Pourquoi ne pas, le soir avant de s'endormir, les dire mentalement en y mettant toute son âme. Pour ceux qui vous ont quittés, c'est un signe du cœur qui ne peut que leur faire plaisir.

« Notre père, qui êtes aux cieux,
Que votre nom soit sanctifié,
Que votre règne arrive,
Que votre volonté soit faite,
Sur la terre, comme au ciel,
Donnez-nous aujourd'hui
Notre pain de chaque jour,
Pardonnez nos offenses,
Comme nous pardonnons à ceux qui nous ont offensés,
Ne nous laissez pas succomber à la tentation,
Délivrez-nous du mal
AINSI SOIT-IL. »

« Je vous salue Marie, pleine de grâce,
Le seigneur est avec vous,
Vous êtes bénie entre toutes les femmes,

Et Jésus, le fruit de vos entrailles est béni
Sainte Marie, mère de Dieu,
Priez pour nous pauvre pécheur,
Maintenant, et à l'heure de notre mort
AMEN. »

« Gloire au Père, au Fils et au Saint-Esprit,
Maintenant et toujours, et dans les siècles des siècles
AMEN. »

Il y a une prière différente pour chaque situation : pour les ennuis, la maladie, pour les mauvaises vibrations, pour l'entourage, qui, consciemment ou non, vous étouffe.

Lorsque nous avons des ennuis, des contrariétés, nous avons tous tendance à tempêter et à répéter : « Mais qu'est-ce que j'ai bien pu faire au bon Dieu ? » A lui certainement rien, à vous sûrement beaucoup. A travers nos vies, le karma, qui pèse souvent si lourd, est le poids dont il faut commencer par se débarrasser. Tant qu'il ne sera pas nettoyé nous ne pourrons pas progresser. Or, il y a un moyen très simple pour cela, c'est la prière, mais surtout, et bien que ce ne soit pas immédiat « le remerciement ». Pourtant, je sais ! comment remercier le ciel, lorsque l'on est accablé de problèmes. Tout bêtement, parce que, si ils sont là, c'est pour nous faire avancer, monter la marche supérieure, une marche de plus qui nous rapproche de la sagesse et de la sérénité.

Plus on remercie le Seigneur d'avoir des ennuis et

plus la situation se dégage rapidement. Le remerciement est la chose la plus simple. Il vous suffit de dire :

« Merci Seigneur, puisque c'est pour mon bien, je sais qu'il n'en sortira que du bien. »

Cette phrase peut vous paraître incohérente, vue la situation à laquelle vous êtes confronté. Mais d'après vous, où est la cohérence dans cette vie ? Les questions ne servent à rien, les actes seuls peuvent amener une solution. Ce contact avec la lumière peut être l'ouverture de la première porte.

La deuxième dimension de prière c'est la protection.

Vous constatez qu'une situation s'enlise anormalement, comme si certains mauvais génies œuvraient contre vous. Je les imagine très bien, une petite pelle à la main, le sourire narquois, piochant à un rythme endiablé dans le trou que vous essayez en vain de reboucher. Vous vous épuisez, et eux, ils ricanent. Horrible, non ? C'est bien entendu une image de bande dessinée, mais qui correspond tellement à la réalité, qu'il ne faut pas la négliger.

Pour faire disparaître ou du moins vous protéger de tous les faux amis, visibles ou invisibles, il vous suffit de répéter :

« Père, Fils, Esprit Saint, libérez-moi je vous en prie des 7 archanges démoniaques et de tous leurs serviteurs, de tous les démons de la magie noire, et des démons de tous les univers qui m'assaillent. »

AMEN.

Dans ce domaine les prières sont très nombreuses et variées. Vous pouvez les utiliser dans chaque circonstance. Pour aider une de vos connaissances, une relation de travail, votre patron, votre belle-sœur, beau-frère, belle-mère ; pour un membre de votre famille avec lequel vous avez eu des déboires dans le passé. Vous vous retrouvez aux prises avec une expérience relationnelle déjà lourde d'antécédents. Aujourd'hui il faut refaire face à une position qui a déjà été infernale. Votre inconscient vous mettra en garde, provoquera un malaise, une oppression inexplicable, une angoisse, un recul ou un rejet. Toutes ces sensations sont normales, logiques. Elles sont le signe d'un vieux souvenir qui essaie de refaire surface. L'ancienne douleur se réveille sans même que vous soyez au courant. Votre mémoire se rebelle et votre instinct vous met au courant du danger qui peut arriver. Dans ce genre de problème, les malaises ne se ressentent pas une fois mais de nombreuses fois, et deviennent de plus en plus durs à contenir. C'est très net, il y a quelque chose de bizarre, une étrange amertume, accompagnée d'une crainte irraisonnée. Une protection s'avère alors indispensable ; la corde doit céder et la tension lâcher.

Vous pouvez utiliser les prières afin de rejeter toutes vos oppressions, toutes vos angoisses, tous vos malaises. Il suffit de visualiser votre corps dans un œuf de lumière blanche. Votre corps tout entier doit baigner dans cette clarté, pendant que vous récitez :

« Moi, (prénom), je suis dans la grande lumière blanche du Christ, à travers laquelle aucune onde négative ne peut entrer. Je bénis "   ", (nom de la personne), je l'envoie loin de moi, pour son propre bonheur. Je lâche prise. Je rends grâce au Seigneur pour la paix et la joie de mon âme retrouvée.

AMEN.

Vous commencez maintenant en lisant ces lignes à avoir votre opinion sur le sujet, que je respecte au plus haut point. Pour ceux d'entre vous qui ont eu le courage de tenir jusqu'au bout, sans avoir imaginé que j'étais définitivement devenue tolle, j'aimerais ajouter quelques courtes prières à utiliser pour soi, mais aussi pour les autres.

Un adolescent est perturbé ; son meilleur ami est dans la débâcle. Il se refuse même à discuter de l'efficacité et du bienfait des forces supérieures. Insister ne servira à rien, mais penser à lui pour l'accompagner et le soutenir malgré lui, cela ne peut que nous donner un bonheur supplémentaire. Tendre la main en silence vaut souvent mieux que de longs discours. Exemples :

« Merci, bons Archanges, de bien vouloir, au nom du Père, du Fils et du Saint-Esprit, illuminer, neutraliser, chasser, lier en enfer, les démons de toutes les catégories et de toutes les Hiérarchies des

Univers et des Enfers, tous leurs suppôts, déchaînés contre les auras des 7 corps de...

AMEN »

« Dieu tout-puissant, Seigneur Jésus-Christ, Esprit Saint, je vous supplie très humblement, par Votre Amour, Votre Miséricorde, Votre Puissance infinie, par l'Amour de la très Sainte Vierge Marie, de bien vouloir neutraliser tous les émetteurs et toutes les grilles de magie noire dressés contre nous, de bien vouloir illuminer, neutraliser, chasser, tous nos démons de garde, tous des démons de possession majeure, les démons de toutes les hiérarchies du mal et tous leurs suppôts satellites, attachés aux auras de..., (Prénom), aux auras de nos domiciles, des domiciles voisins, et de tout ce qu'ils contiennent. »

Votre cœur bat la chamade, le médecin vous prescrira sûrement la meilleure médication, il est toujours excellent de vous aider en priant, « l'harmonie divine » ne peut que vous soulager et aider votre organisme à combattre l'agresseur.

Il vous suffira de répéter cette prière douze fois le premier jour et une fois par jour les jours suivants.

« Dieu tout puissant, Seigneur Jésus Christ, Esprit Saint, je vous supplie très humblement, par votre Amour, votre Miséricorde, votre Puissance infinie, par l'Amour incomparable de la très Sainte Vierge Marie, de bien vouloir accorder l'Harmonie Divine, une fonction parfaite de toutes les cellules de… (description de la partie à soigner) et l'ouverture parfaite de tous mes chakras. AMEN.

Merci Seigneur d'avoir exaucé ma prière.

Je terminerai ce chapitre avec deux neuvaines. J'ai découvert ces prières il y a peu de temps, elles demandent une assiduité particulière mais vous procure un bien être incontestable à la fin des neuf jours, simplement de part le fait d'avoir été capable de respecter l'engagement pris vis-à-vis de vous-même. Pour le reste je ne vous ferai pas l'affront de vous l'expliquer.

Saint JUDE.
Apôtre des causes désespérées.

Cette neuvaine doit être récitée chaque jour, six fois, pendant neuf jours consécutifs, neuf exemplaires de cette neuvaine devant chaque jour être déposés dans une église. La prière sera exaucée à l'expiration du neuvième jour ou même avant le neuvième jour et cela n'a encore jamais failli.

NEUVAINE DE PRIÈRE

Que le Sacré Cœur de Jésus soit adoré et aimé dans tous les tabernacles jusqu'à la fin des temps. Amen.
Que le Sacré Cœur de Jésus soit loué et glorifié maintenant et toujours. Amen.

Saint Jude. Priez pour nous et écoutez nos prières. Amen

Béni soit le Sacré Cœur de Jésus.
Béni soit le cœur immaculé de Marie.
Béni soit Saint Jude Thaddée
De par le monde et pour l'éternité.

(Réciter ensuite le Notre-Père et le Je vous salue Marie)

« Notre Père, qui êtes aux cieux,
Que votre nom soit sanctifié,
Que votre règne arrive,
Que votre volonté soit faite,
Sur la terre, comme au ciel.
Donnez-nous aujourd'hui
Notre pain de chaque jour,
Pardonnez nos offenses,
Comme nous pardonnons à ceux qui nous ont offensés,
Ne nous laissez pas succomber à la tentation,
Délivrez-nous du mal
AINSI SOIT-IL. »

« Je vous salue Marie, pleine de grâce,
Le Seigneur est avec vous,
Vous êtes bénie entre toutes les femmes,
Et Jésus, le fruit de vos entrailles est béni
Sainte Marie, mère de Dieu,
Priez pour nous pauvre pécheur,
Maintenant, et à l'heure de notre mort
AMEN. »

Faire 81 copies de cet exemplaire et laisser 9 copies dans une église pendant neuf jours consécutifs. Votre demande sera exaucée avant la fin du neuvième jour quelque impossible que puisse sembler sa réalisation.

PRIEZ AVEC FOI.

Cette deuxième et dernière neuvaine, change de prière tous les jours et s'adresse à la Vierge Marie. Il y en a de nombreuses, toutes différentes, mais toutes aussi extraordinaires pour ceux qui ouvrent leur cœur aux forces supérieures.

SOUVENEZ-VOUS.

ô très miséricordieuse Vierge Marie, on n'a jamais entendu dire qu'aucun de ceux qui ont eu recours à votre protection, imploré votre assistance et réclamé votre secours, ait été abandonné.

Animé d'une pareille confiance, ô Vierge des Vierges, ô ma mère, je cours vers vous, et gémissant sous le poids de mes péchés, je me prosterne à vos pieds.

Ô Mère du verbe incarné, ne méprisez pas mes prières, mais écoutez-les favorablement et daignez les exaucer.

Ainsi soit-il.

NOTRE DAME
DU PERPÉTUEL SECOURS

NEUVAINE

Premier jour.

Ô Mère du Perpétuel Secours, combien j'aime à venir prier au pied de votre image miraculeuse !

Toujours elle éveille en mon âme les sentiments de la confiance la plus vive et la plus fiable. Entre vos bras, je vois Jésus, mon Sauveur et mon Dieu. Il est le tout puissant, le maître absolu de la vie et de la mort, le dispensateur souverain de tout bien et de toute grâce. Et vous êtes sa Mère ! Vous avez donc tout droit pour lui demander et tout droit pour être exaucée. Il a prouvé d'ailleurs qu'il ne sait ni ne veut rien vous refuser.

Je m'adresse donc à votre toute-puissante intercession, ô Mère de Jésus, et vous supplie de m'accorder pendant cette neuvaine la grâce . (désignez ici les intentions de la neuvaine) · je vous prierai avec confiance, persuadé que vous prierez pour moi.

Pater, Ave, Gloria, et le Souvenez-vous.

Deuxième jour.

Ô Mère du Perpétuel Secours, en ce Jésus tout tremblant que vous serrez contre votre cœur, vous ne voyez pas seulement le Fils de Dieu, votre Fils, mais aussi tous les hommes devenus, par la volonté de Dieu et par votre acceptation, vos véritables enfants.

Vous n'oubliez pas la scène du Calvaire, où, par

une divine substitution, votre Jésus expirant vous a demandé de le retrouver en chacun de nous. Ce Jésus donc qui accourt se jeter dans vos bras, effrayé par la perspective de la croix, et qui cherche auprès de vous défense et consolation, c'est toute âme qui souffre, c'est mon âme qui vient en ce moment faire valoir ses droits à votre tendresse et à votre protection.

Ô ma Mère, avec cette simplicité toute filiale, je viens vous dire combien je suis heureux(se) d'être votre enfant, combien grand est mon amour pour vous. Je viens aussi vous exposer ma demande ; vous la connaissez : ô ma mère, exaucez-moi.

Pater, etc.

Troisième jour.

Ô Mère du Perpétuel Secours, oui, j'aime à contempler votre image bénie. Elle me parle avec éloquence de toutes vos grandeurs. J'y vois inscrit votre titre glorieux de Mère de Dieu !

J'y vois l'Archange Gabriel, le divin Ambassadeur qui vous salua « pleine de grâce ». J'y vois l'Archange Saint Michel, dont la présence nous rappelle que vous commandez aux milices célestes. En votre main vous tenez les mains du Roi des rois. Tout cela me redit que vous êtes la Femme bénie entre toutes, le plus bel ornement de l'univers, la créature seule jugée digne de devenir la Mère du Verbe Incarné. Vous êtes l'Immaculée, la Toute-Sainte, le chef-d'œuvre du Très-Haut, l'Abîme de toute perfection.

Vous êtes la Reine de la terre et des cieux.

Ô Mère admirable ! Je me plais à proclamer votre sainteté et vos gloires. Loin de m'effrayer, votre incomparable grandeur ne fait qu'augmenter ma confiance : si Dieu vous a faite si sainte et si puissante, c'est pour votre salut, et si vous vous réjouissez de vos divins privilèges, c'est qu'ils vous permettent de nous mieux secourir. Ô Mère incomparable, accordez-moi la grâce que je sollicite de votre puissance souveraine.

Pater, etc.

Quatrième jour.

Ô Mère du Perpétuel secours, votre douce image sourit à nos cœurs d'exilés. Vous nous y apparaissez comme la Tige sacrée sur laquelle s'épanouit la Fleur de toute pureté et de toute vertu, votre Jésus. Offert ainsi par vos mains maternelles, il gagne plus suavement l'amour de nos cœurs. Sur votre front je vois briller une étoile radieuse. N'êtes-vous pas, en effet, « l'Etoile du matin » qui nous annonça le jour du salut et de la rédemption, et nous promet le jour sans déclin de l'éternité bien heureuse ? N'êtes-vous pas « l'Etoile de la mer », qui fait rayonner l'espoir au sein des plus noires-tempêtes ?

Ô Mère tout aimable, combien vous nous rendez légers le fardeau du devoir, et suave le joug de Jésus-Christ ! Aussi, votre souvenir me met la joie au cœur ; votre nom seul ramène la paix dans mon âme inquiète. Laissez-moi vous redire toujours : Ô Mère si digne d'être aimée, je vous aime ! Par vous et avec vous, j'aime votre divin Fils ! Ô notre espérance, exaucez-moi ! Pater, etc.

Cinquième jour.

Ô Mère du Perpétuel Secours, je trouve, en votre sainte image, un autre pressent motif d'espère en votre bonté. Vous vous y montrez la Mère des douleurs. C'est Jésus, crucifié dans son cœur avant de l'être dans sa chair, que vous étreignez dans vos bras. La vision douloureuse des instruments de sa passion le fait frémir ; vous souffrez avec lui et ce fut là le martyre de toute votre vie. Je comprends dès lors l'excellence de vos mérites, la réalité de votre titre de rédemptrice des hommes et la toute puissance de votre intercession auprès de la justice divine.

Comme vous, ô Marie, je compatis aux souffrances de votre Fils, et, comme lui, je compatis à vos souffrances maternelles. Ma compassion est, d'autant plus vive que se sont mes pêchés qui, en attachant Jésus à la croix, ont torturer votre âme si aimante. Aujourd'hui, c'est au nom de vos douleurs que je vous prie. Donnez-moi la contrition de mes pêchés et le courage de les éviter. Daignez aussi agréer favorablement la requête que je vous adresse en cette neuvaine.

Pater, etc.

Sixième jour.

Ô Mère du Perpétuel Secours, votre touchante image me le dit : vous avez souffert, et beaucoup souffert. Parce que vous êtes bonne et que vous êtes notre Mère, la souffrance vous a faite compatissante à nos peines ; d'autant plus que, vous ayant coûté d'avantage, nous vous sommes plus chers. Cette compassion à notre égard, je la vois dans vos yeux empreints d'une pitié attendrie, qui se fixent moins sur votre divin Fils que sur vos pauvres enfants de la terre. Qu'il est doux à l'âme accablée de rencontrer un cœur ami qui sait compatir ! Mais quand ce cœur est celui d'une mère, et d'une mère telle que vous, c'est la suprême consolation de la vie.

A vos pieds donc je viens prendre courage, ô Mère compatissante ! Je suis sûr(e) que vous n'abandonnerez pas votre enfant.

Entendez le cri de ma misère, dites à mon âme la parole qui console et accordez-moi la faveur que j'implore de votre bonté.

Pater, etc.

Septième jour.

Ô Mère du Perpétuel Secours, je m'adresse à vous, parce que c'est à vous que je dois demander et que c'est vous qui devez m'exaucer ; vous êtes la Trésorière du bon Dieu, qui veut que toute grâce passe par vos mains. Votre image me rappelle que vous êtes la Mère de Jésus, la Mère des Douleurs, et que vous êtes ma Mère. Mère de Jésus, vous disposez de ses mérites et de son cœur. Mère des douleurs, vos souffrances, unies à celles de Jésus, ont constitué le trésor de la rédemption. Mère des hommes, vous avez accepté l'obligation de nous venir en aide. Oui, je le sais, une âme protégée par vous ne peut être abandonnée de Dieu ni se perdre, et une âme fidèle à vous invoquer est sûre de votre protection. C'est donc avec une assurance que je recours à vous. Obtenez-moi la fidélité à votre service, gage de persévérance et de salut ; obtenez-moi aussi la faveur que, durant cette neuvaine, je sollicite de votre maternelle tendresse.

Pater, etc.

Huitième jour.

Ô Mère du Perpétuel Secours, un sentiment de crainte envahit parfois mon âme. Vous êtes, il est vrai, puissante et bonne.

Cependant, lorsque je songe à ma misère, je tremble, et je me trouve comme audacieux(se) d'oser m'adresser à vous et implorer vos faveurs. Mais votre douce image semble me dire : « confiance, mon enfant ! Ne suis-je pas la Mère de la Miséricorde qui cherche non des mérites à récompenser mais des maux à guérir ? Mon titre de Mère du Perpétuel Secours ne proclame-t-il pas que je dois soulager toute misère ? »

C'est donc à votre clémence que je fais appel en ce jour, ô Marie, ma confiance repose toute sur votre indulgence et compatissante bonté. A vous de me protéger, de me secourir, de me consoler.

Pater, etc.

Neuvième jour.

Ô Mère du Perpétuel Secours, me voici au terme de cette neuvaine où, chaque jour, je suis venu me prosterner à vos pieds. Aujourd'hui plus que jamais, ma supplication monte vers vous, ardente et confiante. Je ne puis en douter, vous avez entendu ma prière : vous m'accorderez ou ce que je demande, ou une grâce plus précieuse encore. Par votre Fils, par vos douleurs, par votre amour miséricordieux, et surtout par votre titre de Mère du Perpétuel Secours, exaucez-moi ! Oh ! oui, Ce titre de Perpétuel Secours me dit qu'il m'est permis d'insister, que je puis, que je dois toujours compter sur votre assistance : à toutes les heures de ma vie, dans tous mes besoins, dans tous mes dangers, dans toutes mes peines, pour toutes les grâces qui me sont nécessaires.

Ô ma Mère, ma confiance est si grande que dès maintenant je vous dis merci ! Merci pour les grâces du passé ; merci pour celles que j'attends de votre inépuisable amour. Oui, je vous prierai jusqu'à mon dernier soupir, en attendant que je puisse, dans le ciel, vous aimer, vous louer et vous remercier éternellement.

AINSI SOIT-IL.

Pater, etc.

A la fin de ce chapitre, je n'ai qu'une chose à dire :

« DIEU, VOUS GARDE. »

L'énergie psychique

Chacun de nous a, durant son existence, ressenti de temps à autre, des petits passages à vide, plus communément qualifiés de : « coups de déprime ». Une mauvaise nouvelle, un état de fatigue, le temps maussade, etc. Autant de petites raisons qui font chuter le moral.

Moi-même, j'y suis soumise. Pourtant, je dois dire que j'ai une faculté toute particulière, on peut même dire une chance, pour surmonter ces courts instants (car ils sont toujours courts chez moi) et cela, depuis ma plus tendre enfance.

J'ai abordé dans le chapitre traitant de mes souvenirs d'Egypte, la notion de « Kâ », c'est-à-dire de l'énergie cosmique. Celle-ci ne me quitte jamais, elle veille sur moi pour l'éternité. Chacun de nous possède son « Kâ », plus ou moins développé selon les individus mais néanmoins présente pour chacun d'eux.

Malheureusement cela ne suffit pas toujours et il faut souvent faire appel à un travail personnel afin de se constituer une réserve d'énergie positive, suffisante pour pouvoir affronter les petits tracas de la vie.

Les moyens d'acquérir cette réserve d'énergie sont simples et totalement efficaces. Il est, en effet, aisé de parvenir à des résultats extrêmement probants si on s'en tient à appliquer les quelques règles de vie que je vais vous indiquer et qui sont, je vous l'assure, très faciles à suivre.

1) *Une vie saine et équilibrée.*

Sur le plan alimentaire, il n'est pas question de faire un régime car la règle c'est : « se faire plaisir » avant tout. On peut donc consommer de tout mais modérément.

L'importance de l'eau est primordiale. Si le vin et même l'alcool fort à petite dose sont tolérés, il n'en reste pas moins que le caractère purificateur de l'eau est quasiment sacré.

Il en va de même pour son usage externe. On sait aujourd'hui combien les ablutions, la toilette quotidienne, l'hydrothérapie, sont les garants de la bonne santé morale d'un individu. Tout laisser-aller en la matière entraîne très vite l'apparition d'une situation dépressive dans laquelle la personne perd pied rapidement.

Le sommeil est une composante essentielle de l'équilibre. Un manque de sommeil trop important engendre obligatoirement un état de fatigue tel que l'individu devient la proie du découragement, des idées noires, de la confusion. Un bon sommeil réparateur, même si le nombre d'heures n'est pas très important, sera le gage d'un bon équilibre mental et d'un fort potentiel énergétique.

Il est capital d'avoir une respiration correcte. Savoir inspirer et expirer correctement et profondément assure à l'individu un bien-être physique constant, un contrôle de soi au-dessus de la moyenne, une oxygénation salutaire au bon fonctionnement interne de son corps et en particulier, à celui de son cerveau. La lumière est aussi un facteur d'équilibre capital. Il est conseillé de vivre dans un endroit où la clarté du jour est importante. La pénombre, voire la nuit sont toujours génératrices de tension. N'oubliez pas que le soleil est la source de toutes vies sur la terre. Sans lui !. .

2) *L'orientation positive de la pensée.*

C'est la règle essentielle à observer pour acquérir et conserver une énergie à toute épreuve.

Les conditions afin d'orienter constamment ses pensées dans le sens positif peuvent être classées ainsi :

1) avoir à l'esprit un objectif auquel on veut parvenir et éduquer, entretenir, son goût pour l'effort.

2) Ne pas se laisser influencer, disperser par des pulsions désordonnées, confuses, qui n'ont pas de but précis, afin de ne pas s'épuiser inutilement.

Il est certain que si vous appliquez les secondes recommandations immédiatement, les résultats positifs ne se feront pas attendre. Votre résistance à la noirceur, à la morosité, va s'affirmer de jour en jour.

Votre envie de créer quelque chose, votre capacité à ordonner vos idées clairement, va grandir très rapidement. Jour après jour, semaine après semaine, le plaisir que vous éprouverez en constatant vos progrès sera réel. En fait, vous aurez mis en place un mécanisme qui s'auto-alimentera à chaque initiative de votre part. Tout cela, bien sûr, afin de parvenir au but défini dans la première condition : l'objectif.

Ne courez pas plusieurs « lièvres » à la fois, fixez-vous un objectif, réalisez-le et ensuite, seulement, passez au suivant.

Ne vous laissez pas distraire par les interventions extérieures, restez concentré sur le but à atteindre. Soyez patient et surtout entretenez à chaque instant la confiance que vous avez dans vos moyens.

Toute cette concentration a, je ne le répéterai jamais assez, pour fin de rassembler vos forces, et de les augmenter. Si vous appliquez ce système, votre vie et votre perception du monde environnant s'en trouveront totalement transformées.

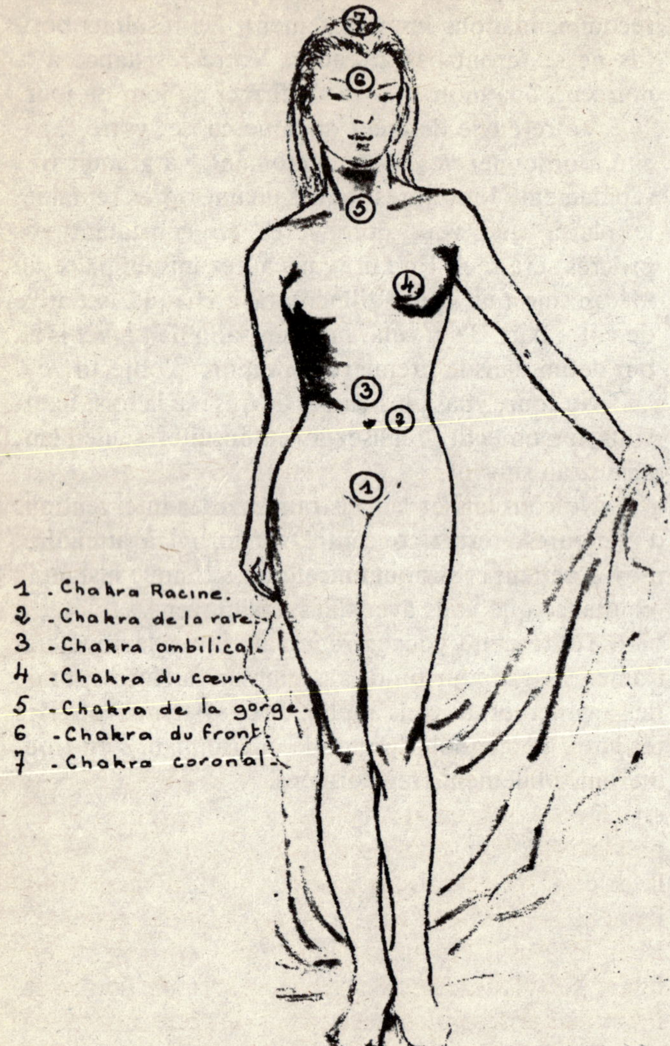

1 - Chakra Racine.
2 - Chakra de la rate.
3 - Chakra ombilical.
4 - Chakra du cœur.
5 - Chakra de la gorge.
6 - Chakra du front.
7 - Chakra coronal.

Les chakras : (Les fleurs de l'arbre de vie.)

Nous ne prenons déjà pas le temps de regarder les saisons, comment voulez-vous que l'on s'arrête cinq minutes pour découvrir notre corps. Je sais très bien que l'on a tendance à s'apitoyer sur ce vilain bourrelet autour de la taille, ou encore cette horrible peau d'orange qui commence à se dessiner doucement, mais sûrement, juste en haut de la cuisse !

Je sais ! je sais ! Ce n'est pas la joie ! Et tous ces petits problèmes, bien que relatifs ont la faculté de nous mettre le moral à plat dès le matin. Nous savons maintenant qu'avec un peu de travail et une pensée positive, ces petits détails disparaissent. Le physique est important mais, si l'on entre dans le secret de notre enveloppe, on peut découvrir tout autre chose. Nous possédons à l'intérieur de nous : « un arbre de vie » ; la colonne vertébrale, qui peut à tout moment vous immobiliser si l'on entame sa sève, la moelle épinière. Mais le plus fabuleux est que cet « arbre » est en fleurs. Ces fleurs ressemblent à une sorte de liseron et fleurissent à des points bien précis de notre anatomie

Elles sont aux nombres de sept et sont plus connues sous le nom de « CHAKRA », mot sanscrit, qui signifie : « roue ». Nous parlons souvent de la roue du destin, les Bouddhistes eux parlent de la roue des vies et des morts et le Professeur Rhys Davids traduit le sermon, par lequel Bouddha, expose sa doctrine. poétiquement en ces termes :

« Qui met en mouvement la roue du char royal d'un empire universel de vérité et de justice. »

La particularité des chakras est qu'ils fleurissent toute l'année, tout au long de votre vie et grandissent au cours du temps en s'élargissant de plus en plus suivant votre évolution spirituelle personnelle. Ils ressemblent un peu à une fleur de lotus mais possèdent chacun un nombre de pétales différent, ainsi qu'une couleur spécifique. Ils s'épanouissent sur un parterre entourant notre corps physique : l'aura.

Le premier et le deuxième transmettent la vitalité et l'énergie.

Le troisième, quatrième et cinquième, affectent la personnalité et réagissent aux émotions.

Le sixième et le septième sont directement liés au spirituel et entre en action dans votre évolution.

Ces centres de force reçoivent l'énergie en tournant sur eux-mêmes.

Et chaque fleur a une tige qui prend racine dans un point bien précis de l'épine dorsale.

LE PREMIER : « CHAKRA RACINE »

Il possède quatre pétales et une couleur rouge orangé.

LE DEUXIÈME : « CHAKRA DE LA RATE »

Il est très rayonnant, lumineux semblable à un soleil ; roue à six pétales, dans chacune d'entre elle règne la couleur de l'une des formes de la force vitale. Rouge, orangé, jaune, vert, bleu et violet.

LE TROISIÈME : « CHAKRA OMBILICALE »

Situé au nombril ou plexus solaire, il se divise en dix pétales, étroitement lié aux sentiments et aux émotions, son mélange de couleur a des nuances de rouge mais garde sa base verte.

LE QUATRIÈME : « CHAKRA DU CŒUR »

Ce centre cardiaque est de couleur jaune d'or chaud, les quatre cercles qui le composent sont divisés en trois parties et lui donnent douze pétales.

LE CINQUIÈME : « CHAKRA DE LA GORGE »

Centre laryngé, il a seize pétales, sa couleur étincelante se rapproche d'un reflet de lune sur une eau qui coule, il est à base de bleu mais conserve un côté argenté.

LE SIXIÈME : « CHAKRA DU FRONT »

Centre frontal, il est situé entre les sourcils, divisé en deux parties il est principalement à base de rose, une moitié contient du jaune, l'autre est parsemée de bleu violacé. Chaque moitié possède chacune quarante-huit pétales soit quatre-vingt-seize en tout. On s'aperçoit que lorsque l'on commence à toucher à la personnalité et par-dessus tout aux centres supérieurs, la complexité devient grande.

LE SEPTIÈME : « CHAKRA CORONAL »

Il est le plus resplendissant de tous, lorsque son activité est devenue totale. Indescriptible, il vibre à une vitesse inconcevable. Le violet est dominant. Son nombre de pétales devrait être environ de mille dans le cercle extérieur bien qu'il soit difficile à définir. La caractéristique de ce chakra est qu'il a une autre fleur à l'intérieur de la première, un tourbillon central d'une blancheur au ton doré comportant à lui seul douze pétales.

Il s'éveille le dernier, commençant à la même taille que les autres, il agrandit au fur et à mesure de l'évolution spirituelle de la personne. Il s'étend jusqu'à couvrir à peu près tout le sommet du crâne. (Mais nous n'en sommes pas encore arrivé à ce point, car là, nous avons à faire à un sage.)

C'est à travers les corolles de ce chakra que la force divine se déverse du ciel vers l'intérieur de nous-même.

Le jour ou l'être à compris et assimilé qu'il est enfin plein de lumière divine, qu'il distribue à tous ceux qui l'entourent son amour et ses largesses, cette fleur se retourne, perd sa concavité pour devenir convexe. Elle ne reçoit plus, elle rayonne. Ce dôme posé sur le sommet de la tête devient une couronne qui reflète et distribue aux autres. Chaque statue en Inde possède ce petit dôme, celui de Bouddha ressemble à un bouquet de fleurs dont les pétales sont incalculables. C'est le symbole de son savoir et de sa sagesse.

Nous sommes encore bien loin d'avoir sur la tête notre couronne de pétales.

Mais nos chakras vont grandir et tourner chaque jour davantage, et la paix nous attend au bout du chemin, il suffit seulement de s'ouvrir tous les jours un peu plus sur l'absolu.

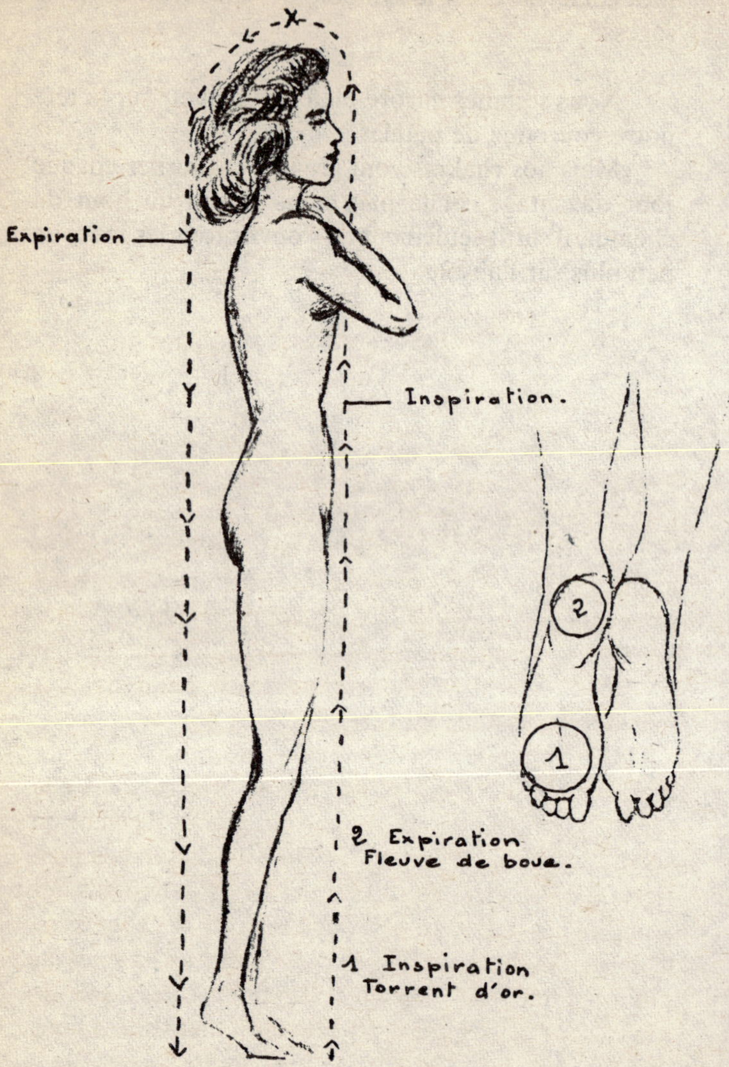
X
Expiration
Inspiration.
2
1
2 Expiration
Fleuve de boue.
1 Inspiration
Torrent d'or.

Nos racines : « les pieds »
Histoire d'une respiration singulière

Le corps humain recueille toutes les forces de son environnement. Celle du ciel, par la tête, le buste, les bras, et toute la partie haute de notre être. Les forces de la terre par le bassin, les jambes et bien entendu, les pieds.

Si le proverbe « Pour vivre heureux, vivons caché » existe, il ne s'applique vraiment pas à ceux qui nous aident à nous déplacer, à courir, à danser : « les pieds ». Maltraités du matin au soir par les plis des bas ou des chaussettes, ils vivent enfermés, meurtris, leur existence quotidienne ressemble plus à un calvaire.

Ce sont pourtant les racines de notre corps, le cordon ombilical qui nous relie à (Notre mère) la terre. Puisant l'énergie venant du sol, ils recèlent en secret de nombreux points : les centres nerveux essentiels de notre être. Ils supportent à la fois le poids des années, nos kilos supplémentaires. Ils peuvent marcher sur les braises dans certaines pratiques mais ils ont aussi une autre capacité plus mal connue, celle de nous aider à respirer. Surprenant, mais vrai, nous pouvons respirer pas nos pieds. Ne souriez pas ! Si je me permets de vous parler de cette technique, c'est parce que je l'ai utilisée et qu'elle marche très bien. N'ayez aucune crainte, je ne vous tiendrai pas en haleine plus longtemps, j'ai tellement envie de partager avec vous ce petit secret.

Depuis quelque temps, au moment des grandes fatigues, des gros efforts, des coups de nerfs, des entraînements sportifs ou autres, je n'ai qu'une seule préoccupation. Les pieds, toujours les pieds. Tout ce joue dans la respiration et la visualisation. Les deux points essentiels à utiliser dans vos pieds sont : la plante et le talon. Lorsque vos deux pieds sont bien posés, parallèles et à plat sur le sol, ce sont eux qui vous connectent avec l'énergie de la terre. A l'inspiration, vous devez imaginer qu'un torrent d'or vous pénètre par la plante de vos pieds (l'or, liquide chaud et brillant, représente les forces et les énergies de la terre). Par vos jambes, ce torrent va monter dans vos veines, emplir de sa force les cuisses, la poitrine, pour arriver enfin jusqu'au milieu du haut de votre crâne, et terminer sa course chaude au niveau de la fontanelle, ou septième chakra.

En expirant ce torrent va changer de consistance pour devenir un fleuve de boue noire. Il va partir du septième chakra pour couler dans votre dos, à travers l'arrière de vos cuisses, vos mollets, et sortir de votre corps par l'intermédiaire de vos talons. Ce fleuve de boue répugnant correspond à toutes les toxines et autres déchets accumulés par votre corps pendant l'effort ou à l'occasion d'une réaction nerveuse qui provoque toujours une montée d'adrénaline. Vos talons deviennent alors votre vide-ordures, ils vous permettent de chasser, avec la puissance de l'expiration, tout ce qui vous encombre, pour le rejeter dans la terre, qui se chargera de transformer le négatif en positif. Ce circuit de physique simple, ressemble pour beaucoup de raisons au système des vases communiquants. Vous pouvez à présent constater que ce n'est pas vraiment compliqué. On pourrait presque l'utiliser comme distraction pour les enfants, ce qui leur enseigneraient un peu ce qu'est la concentration. Il est recommandé de faire vos premiers essais lentement et sans bouger, afin de vous familiariser avec la respiration conjuguée à la visualisation. Le septième chakra point essentiel du changement d'image est la clef de voûte de votre circuit entre l'or qui monte et la boue qui descend. Une fois l'inspiration et l'expiration régularisées, on ressent une forte chaleur ou un picotement à la plante des pieds, signe que la méthode fonctionne. Votre respiration est maintenant parfaite, vous pouvez sans aucun problème jouer avec elle. Sur une piste de danse, un cour de tennis, dans votre bureau, vous pourrez constater la différence de votre résistance. C'est renversant ! Il ne faut jamais oublier que si vous avez la possibilité de faire cet exercice à la campagne ou dans la forêt, les forces telluriques seront nettement plus importantes.

J'ai commencé à pratiquer la respiration par les pieds au Zénith. Après deux heures de tour de chant et malgré la danse et les chansons enchaînées à un rythme fou, j'arrivais à maintenir un souffle et un tempo cardiaque réguliers. Si vous l'enseignez à vos proches, dans les moments difficiles, il vous suffira de rappeler en souriant à celui ou celle qui est dans l'embarras : « Les pieds ! N'oublie pas la respiration par les pieds. »

« *L'inconnu d'hier est la vérité de demain* »

Camille FLAMMARION.

Dans notre monde de technologie, certains créent des jeux vidéo, des cartes à puce, des ordinateurs, d'autres créent des vaccins, sauvent des vies en greffant un cœur, d'autres encore essaient tant bien que mal de sauvegarder la faune et la flore et enfin, il y a ceux, qui, un peu à contre-courant, faisant fi de toute croyance ou mode, aident à épurer les âmes, pour revenir à l'essentiel de la vie ; la sagesse du genre humain. L'homme ne restera-t-il pas toujours l'homme, avec pour chacun ses qualités et ses défauts ? C'est certain !

Mais il faut aussi admettre que tout change, le monde, les gens, les civilisations. Pourquoi ne pas aider ce mouvement en travaillant un tant soit peu au bien de notre être et à celui des autres ? Il faut des dizaines d'années à un arbre pour grandir mais seulement quelques pelletées à un homme pour le planter. En imaginant le résultat, le jeu n'en vaut-il pas la chandelle ? A vous de voir. A vous d'emprunter vos propres chemins de Lumière.

REMERCIEMENTS

« L'AMOUR » point essentiel de toute expérience se partage.

Ce livre a vu le jour au milieu de personnes que j'aime et à qui j'ai envie de le dire.

YVES : Pour ce qu'il est et sa confiance sans faille en mes possibilités.
MA MÈRE : Pour sa vitalité sans reproche.
MON PÈRE : Qui est aujourd'hui certain que sa fille a disjoncté.
MA GRAND-MÈRE : Pour ses quatre-vingt-quatorze ans de jeunesse.
VÉRONIQUE : Pour ces lectures et relectures page après page.
NADINE : Pour être devenue une experte en ordinateur.
LÉONTINA : Pour être la reine du bon café.
BOB : Pour son courage exemplaire.
LUDO : Sans commentaire.
Mais surtout JEAN-PIERRE, qui m'a poussé à réaliser un rêve qui s'enlisait dans les méandres des questions. Merci à lui d'avoir mis à ma disposition un peu de son temps et beaucoup de son talent.

Table

IMPRIMÉ EN FRANCE PAR BRODARD ET TAUPIN
Usine de La Flèche (Sarthe).
LIBRAIRIE GÉNÉRALE FRANÇAISE - 6, rue Pierre-Sarrazin - 75006 Paris.
ISBN : 2 - 253 - 13614 - X

31/3614/0